JN408687

문학공원 시선 93

발가락 옹이

전하라 시집

국립중앙도서관 출판예정도서목록(CIP)

발가락 옹이 : 전하라 시집 / 지은이: 전하라.
서울 : 문학공원, 2014
p. ; cm. — (문학공원 시선 ; 93)

ISBN 978-89-6577-112-8 03810 : ₩10000

한국 현대시[韓國現代詩]

811.7-KDC5
895.715-DDC21
CIP2014030989

문학공원 시선 93

발가락 옹이

전하라 시집

문학공원

<자 서>

첫 수확의 기쁨

인생이라는 기차를 탔다
출발은 원만했다
그러다 아주 긴 터널로 들어섰다
두려움이 앞섰다
터널을 지나자
만물이 생동하는 봄이었다
마음에 따스한 기운이 감돌았다
그러나 싶더니 장맛비가 쏟아졌다
언제까지 우중충한 날이 계속될까
가족들은 심란했다
마음의 산사태가 나고
아이들이 유실될 것만 같아 좌불안석이었다
그리고 또다시 터널로 들어섰다
게다가 기차에 전기가 나갔다
한동안 아우성이다
그래도 기차는 멈추지 않고 계속 달렸다
순간 환해졌다
내 마음의 기차는 가을을 달리고 있었다
바야흐로 결실의 계절이다
첫 수확의 기쁨은 달다

2014년 11월

<서문>

시적 상상력과 언어의 유희

이 영 춘 (시인)

내가 전하라 시인을 처음 만난 것은 작년 가을이다. 그는 가을을 온몸으로 안고 온 듯, 그에게서는 가을 냄새가 폭폭 풍겼다. 낭만적인 멋이 그랬고 다소곳하다기보다는 스스럼없이 사람들을 끌어들이는 힘이 그랬다. 그래서 금방 친숙해질 수 있었다. 한 마디로 멋쟁이였다. 그 후 그의 시편들을 보면서 "글은 곧 그 사람이다."라는 뷔퐁의 말이 실감났다. 그의 시 속에는 내가 처음 받았던 그의 인상이 다 들어 있었기 때문이다.

전하라 시인은 사람됨의 깊이와 그 폭만큼 시의 스케일이 크고 시를 만들어내는 기교가 다양하다. 그의 시의 특성을 몇 가지로 요약해서 짚어보면 이렇다.

그 첫째는, 우리들 일상의 자잘한 사물을 가히 우주적인 생명을 불어넣어 인격화하고 육화해내는 기교와 재주가 뛰어나다는 점이다. 둘째는, 사물의 객체와 주체를 환치하는 기교가 뛰어난 점이다. 즉 언어를 자유자재로 다룰 줄 아는 예술의 유희적 본능을 잘 구사하고 있다. 셋째는, 시적 상상력을 통하여 사물을 감각적 이미지로 그려내고 있다. 넷째는, 위트와 유머러스한 상상력을 통하여 제재의 다양성을 제시해 주는 점이다. 이제 몇 작품을 살펴보면 곧 전하라 시인의 광대무변으로 변주되는 그의 시적 공간에서 함께 유영할 수 있을 것이다.

무심코 집어든 잘린 전화선으로 머리를 묶었다
순간 머리가 쭈뼛쭈뼛해진다
이상한 외계어가 무수히 들려왔다
10만 개의 머리카락이 안테나가 되어 외계와 교류하고 있다
환청처럼 들리는 외계어가 동공을 타고 내려온다
머리카락이 길수록 잘 들린다
머리카락에 샴푸나 코팅으로 색깔을 넣을수록 칼라언어가 잘 들린다

-「외계와의 접촉」 앞부분

나는 그를 만날 때면 커피 한 잔을 곁들이거나
나자리노의 '아드린느를 위한 발라드'를 듣곤 한다
스물두 살 가을 날 섬진강을 돌아나가는 기차에서 만난 그는
처음으로 나에게 시인의 꿈을 꾸게 해주었고
그때의 설렘은 여전히 심장을 뛰게 한다
그의 몸을 매만지면 어느새 그는 내 마음에 젖어든다
그는 내 머리카락을 쭈뼛 세우거나 깔깔거리게 한다
나는 아름다운 사연을 가진 그를 만날 때면 희열을 맛보며
가끔 그가 살고 있는 광화문 네거리를 배회한다

-「내 남자 - 책」 뒷부분

서랍 안에서 잠자던 선글라스를 꺼내
요리 저리 거울을 보며 셀프카메라를 찍는다
눈가에 주름이 감춰지고 새로운 세상을 보는 것 같다
거울 속 나의 섹시함과 서구적 포스에 매료된다

적당히 어두운 세상이 나의 매력에 맞는 것 같다
오랫동안 책상다리를 하고 생각에 잠겼던 그가
잠자리 눈을 뜨고 밖으로 나를 끌어낸다
코끝에 선글라스를 걸자
발걸음이 경쾌해지고 여행을 떠나 듯 좋다
코끝에 올려진 자전거 한 대가
침묵을 다독거리며 풍경 속으로 달려간다

-「선글라스」 앞 2행을 생략한 전문

이렇게 전하라 시인의 시는 읽는 재미가 있다. 앞에서 언급한 대로 주체와 객체를 환치해내는 수법이 독특하다. 또한 전하라의 시는 독자에게 즐거움과 은은한 미소를 머금게 하는 요소가 있다. 세상에 꼬인 것도 긍정적으로 보는 눈과 페러독스적 기법으로 언어의 유희를 한껏 발휘한다. 작품 제목만으로도 알 수 있는 「두부豆腐 두부頭部 둔부臀部」, 「성북행, 성폭행」 등이 그 대표적 작품이다.

그러나 전하라 시인의 시의 이면에는 또 다른 생의 아련하고 아린 발자국 소리도 들려온다. 그런 작품은 작자의 오래 묵은 체험의 정서에서 응고된 인생에 대한 성찰과 사유일 것이다. 첫 시집의 제목이 된 작품 「발가락 옹이」을 비롯하여 「짝사랑학개론」, 「접착제, 혹은 아버지」, 「항아리, 혹은 어머니」 등이 그런 작품이다. 이 작품에서 공통적으로 소재가 된 것은 '신발'이거나 '발'이다. 발은 우리 몸의 기둥이다. 기둥을 지탱케 해주는 발은 무거움의 인생을 암시한다. 그러므로 전하라 시인의 발, 혹은 신발은 무엇을 '상징'하는지 그 뜻이 자명해진다.

딸아이가 내 발을 들여다보더니
엄마 발가락이 왜 그래, 묻는다
나도 어려서 엄마의 발가락을 보며 그런 질문을 했던 생각이 난다
마을 앞 논으로, 모정母亭 지나 밭으로
발을 학대하며 고무신마저 손에 쥐고 동동거리던 어머니
예쁘지 않은 발을 보며, '엄마 발 좀 예쁘게 해봐' 했는데
이제 내 발가락이 소나무 옹이처럼 통그러져 있다

돈이 흔치 않던 20대
너무나 사고 싶었던 예쁜 신발들
신데렐라를 꿈꾸던 나는
값싸고 화려한 신발에 발을 구겨 넣었다
어쩌면 촌에서 자라 신데렐라콤플렉스를 느꼈는지 모른다
화장품 판촉사원으로 다니던 30대
화려한 얼굴 뒤에는 짓누르는 하이힐
결국 그로 인해 울퉁불퉁 변형되고 약해진 발
세월만큼이나 낡은 습관들이 곳곳에 분화구를 만들어
고통을 분출하고 싶었나 보다

-「발가락 옹이」 전문

불현듯 접착제처럼 달라붙어 다니던 아버지를 생각한다
시장에 가시면 시장에 따라가고
밭에 가시면 밭에 따라가고
못자리에 가시면 못자리까지 따라 들어가
함께 피사리를 하던 아버지와 나

방죽의 물을 애써 퍼내시고
오래된 해소천식으로 바튼 기침에 숨을 헐떡이며
미꾸라지 저기 있다, 조기 있다, 여기도 있다
손짓하시던 아버지

아버지 떠나신지 어언 25년
아버지의 접착력이 더욱 강해지고 있다

– 「접착제, 혹은 아버지」 뒷부분

시골집 뒤란, 항아리 하나 덩그마니 서 있다
찬밥 보리밥 쉰밥까지 씻어 잡숫던 어머니가 거기 서 계신다
해거름녘 들에서 지친 몸을 이끌고 들어와 쌀독을 열면
빈 항아리엔 푸득푸득 쌀벌레만 날고 있었다
작은 막대기로 풀숲을 뒤져 애호박 하나 발견하면
횡재 만난 듯 기뻐하시며 수제비를 끓이시던 당신
배고픔에 버럭버럭 화를 내시던 아버지의 눈총과
올망졸망 따라다니던 자식들 성화에
당신의 가슴은 항아리보다 더 허하셨을 테지
아버지와 자식들에게 건더기 다 건져주고
국물만 후르륵 들이켜며 배부르다 하시던 어머니가
다소곳이 앉아 계신다

– 「항아리, 혹은 어머니」 전문

우리들에겐 누구나 '모국어'란 말을 안고 산다. 우리는 우리의 뿌리에 대해서 혹은 씨앗에 대해서 모든 생명력이 잉태되고 그 잉태로 인하여 존재한다. 어느 유명한 소설가

는 '내 문학의 뿌리는 어머니다.'라고 했고 어느 시인은 '어머니의 모든 말은 시다.'라는 말로 문학의 근원에 대해 정의했다.

전하라 시인 역시 예외일 수는 없을 것이다. 내 어머니, 아버지의 나이 만큼에 이르러 부모에 대해 되돌아보는 것은 어쩌면 자연스런 정서이고 심상이리라. 아무튼 위에 예시한 시들은 모두 애잔하다. 그리고 「발가락 옹이」는 인생의 연륜과 함께 더욱 아픈 시다.

이제 끝마무리해야겠다. 시집에 대한 해설이 아니고 서문이므로 간단히 써야 함에도 길어졌다. 그만큼 전하라 시인의 시 세계가 다양하기 때문이다. 특히 「파운데이션」이나 「선글라스」 같은 작품을 통해서도 알 수 있듯이 전하라 시인은 주체와 객체를 환치해내는 수법이 놀랍다. 우리가 시를 쓸 때 사물의 의인화를 강조하지만 주체와 객체를 환치하여 그려내기란 쉽지만은 않다. 왜냐하면 피사체가 되는 객체의 속성을 샅샅이 알아야 하기 때문이다. 그런데 전하라 시인은 그런 기법을 잘 구사하고 있는 점이 탁월하다.

가을의 깊이만큼 전하라 시인의 시 세계가 더욱 깊어지리라 믿어 의심치 않는다. 그리고 첫 시집 『발가락 옹이』가 암시하듯이 그 옹이는 결국 시의 길이 되고 깊은 시심의 옹이가 되어 더욱 단단 지리라 믿는다. 또한 시인으로서 명성을 얻으리라 믿으면서 축하의 말씀을 전하고 싶다.

<서문>

진실구현에 성공하다

이 재 무 (시인)

전하라 시인의 시집 『발가락 옹이』는 경험 현실을 재구성한 생활 시편이라고 말할 수 있다. 시편 속 화자들은 나날의 일상 속에서 삶의 원리나 방법 혹은 예지를 발견하거나 현재의 주변 사물에서 지난날 혈연과 맺었던 애틋한 사연을 떠올리기도 한다.

그녀의 시편들에 우리가 쉽게 정서적 공감대를 형성할 수 있는 것은 그 만큼 진실 구현에 성공했기 때문이리라.

또한, 강의 하류처럼 낮고 차분하게 세상을 관용의 자세로서 바라보고 포용하려는 시선의 넉넉함이 참으로 따뜻하게 느껴지는 시편들이다. 이것은 "허리를 편다는 것은 휴식이 아니라 정리해고 / 단 한 번도 누어보지 못한" (「왕새우 소금구이」, 일부) 왕새우처럼 그녀의 자전적 생애가 결코 만만치 않은 요철과 파란만장과 우여곡절의 세월을 견인해왔기에 가능한 결과이리라.

추운 날 난로 같은 그녀의 시편들이 세상 속으로 뚜벅뚜벅 걸어 들어가 춥고 외로운 가슴들을 뜨겁게 안아주길 바란다.

차 례

5 자서
6 이영춘 시인 – 시적 상상력과 언어의 유희
12 이재무 시인 – 진실구현에 성공하다

1부 복숭아 세대

20 두부豆腐 두부頭部 둔부臀部
21 먼지, 뭔지
22 딸기네 집
23 잉어와 잉여
24 그녀의 주방
25 미저리 머저리 진저리
26 물의 집
27 나를 버무리다
28 마사회 소나무
29 고대로 가는 길
30 복숭아세대
31 스톰 연주
32 여드름을 짜다
33 은행잎이 흩날리다
34 책으로의 여행
36 건네주다
37 파운데이션
38 호수의 나이테
39 몸에 파도를 새기다
40 차압

2부 박스테이프

42 호박고구마
43 바람의 화원
44 길을 잃다
45 우정 순환열차
46 찬밥덩이
48 나무와 새
49 내 남자
50 박스테이프
51 비꽃이 통통 튄다
52 살아간다는 것
53 샌들
54 어둠의 항해
56 여름, 그곳으로의 여행
57 의자
58 전봇대, 혹은 아버지
59 접착제, 혹은 아버지
60 항아리, 혹은 어머니
61 물비늘을 벗긴다
62 손
63 시간의 터널

3부 짝사랑학개론

66 카멜레온
67 우화를 꿈꾸다
68 왕새우 소금구이
69 장마
70 질겅질겅에 대한 동경
71 콩나물시루
72 구름계단
73 겨울을 위한 발레
74 스토커 스토킹
75 황태
76 탈출 모의 중
78 꼬리
79 파밭의 나비
80 성북행, 성폭행
81 선글라스
82 라일락을 꺾다
84 수면여행
86 셀카놀이
87 집을 사다
88 짝사랑학개론
90 배고픈 빽

4부 밀림의 계절

92 발가락 옹이
94 빨래하다
95 화단에서
96 버스 수족관
98 근대국
99 간격
100 동강할미꽃
101 월식
102 그 바다
103 사글세, 사 글세
104 안개정국
105 나뿐, 나쁜
106 꿈의 보이스
107 머리끈 혹은 이어폰
108 제로로부터의 제로
109 패스
110 가방의 꿈
112 판도라의 상자
113 컴퓨터 바이러스
114 알프스 소녀, 하이디
115 늦가을, 패션가이
116 외계와의 접속
118 밀림의 계절
119 콩알이 되다
120 정수기

121 작품해설 – 복숭아세대론과 수밀도 언어
김순진(문학평론가 · 고려대 평생교육원 시창작교수)

1부

복숭아세대

두부豆腐 두부頭部 둔부臀部

일요일 저녁
무얼 해먹을까 생각하다가
지난 금요일에 사다놓은 두부가 생각났다
아차, 스스로의 둔부를 때리며
냉장고를 여니 두부는 쉰 냄새를 풍기고 있다
갇혀있던 그가 꺼내달라고 쉰 목소리로 절규하고 있었던 것이다
팔다리가 보이지 않는 두부豆腐는 모두
두부頭部로만 이루어져 있나 보다
콩은 으깨어지고 팔팔 끓여져서도
우리 가족의 건강을 걱정하고 있었다
가족의 건강을 생각지 않고 나만 생각해온 나의 두부
재빠르게 둔부를 움직여 슈퍼에서 새 두부를 사오며 생각한다
두부는 신선한 생각으로 채워져야 한다고

먼지, 뭔지

방을 치워야 저녁을 주겠다며
두 아이들에게 방청소를 강요한다
작은 아이는 큰 아이에게 미루고
큰 아이는 빗자루를 발로 민다
빗자루가 지나간 곳에 머리카락과 먼지들이 밀려왔다
나는 빗자루를 들고 밖으로 나가 있으라며
아이들을 먼지처럼 밀어내고
구석구석을 쓸고 있다
쓸리고 싶지 않은 머리카락과 먼지들이
서로 스크럼을 짜고 두런두런 밀려나온다
산다는 게 뭐가 가까운지 먼지 모르겠다
어디서 그렇게 많은 먼지와 머리카락이 나오는지
삶이란 먼지를 만드는 일인 것 같다

빗자루를 쥔 듯 보이지만 먼지덩어리인 삶
그렇게 살아도 사는 게 뭔지
잘 모르겠다

딸기네 집

모임 후 갈비를 먹기 위해 신설동으로 갔다
한턱 크게 쏘겠다는 친철함이 통해
맛스러움이 한 턱 추가됐다
다들 맛과 우정을 배에 가득 채우고
배불러 죽겠다는 엄살 아닌 엄살을 부리고 있었다
모두들 우정의 맛에 길들여지고 있을 때쯤
72번 친구가 딸기를 두 팩 사줬다

그리 예쁘지 않은 얼굴의 그녀
나는 매일 그녀를 보기 위해 그 앞을 지나간다
화장 짙은 얼굴을 한 그녀는
윈도우 안 집장촌 아가씨로 보인다
늘 갇혀있어 나다닐 수도 도망갈 수도 없는 그녀
일정한 돈을 지불해야지만 느낄 수 있는 그녀
그녀가 시들하게 입술을 뾰로통하게 내밀고 있는 날이면
나의 입술도 뾰로통해진다
그녀에게서 푸릇한 풀피리소리가 나면
내 몸도 더불어 고향의 풀밭을 거닌다

그녀는 나의 별이기에

잉어와 잉여

5월 중순의 어느 날 오후 4시
활자 중독을 해독하려 청계천으로 내려갔다
황학교 아래 작은 다리
산란을 하려는지 잉어들이 몰려있다
미리 사간 '뻥이요'를 한 움큼씩을 잉어들에게 던져준다
수 십 마리의 잉어들이 서로 먹으려고 입을 뻐끔거린다
물 아래쪽에서도 들리는지 잉어들이 올라온다
오리 떼도 몰려오고
다리 위에는 비둘기 떼도 몰려든다
그 틈새에 참새도 한 마리 끼어 쟁탈전을 벌인다

사람들에게 나눠줄 것이 없는 나는
미물에게나마 비로소 잉여인간이 된다
멀리 타워팰리스에 비치는 오후의 빛이 바람을 걸러주고 있다
봄의 그림자가 넉넉한 잉여지대
잉어가 몰고 온 봄의 잉여
나도 잉어를 따라 잉여를 꿈꾼다

그녀의 주방

그녀의 주방은 늘 꽃 꽂은 듯 화사하다
물소리 새소리 들리고
상큼한 바람이 분다
얼음장을 녹이는 듯한 그녀의 목소리
비발디의 사계 중 봄을 연주하는 그녀
연둣빛 그녀의 손길에
젓가락 숟가락 포크나이프가 왈츠를 춘다
프라이팬 주전자 냄비가 모두 엉덩이를 들썩인다
그녀의 발자국을 따라다니는
꽃잎 나뭇잎 풀잎
그녀의 주방은 바야흐로 봄이다

미저리 머저리 진저리

언제부터인가 그는 내게 완전한 미저리가 되었다
언제든 내가 시키는 대로 한다
먹으라면 먹고 자라면 자고 돈 벌라면 돈 벌러 간다
나에게 미저리인 그는 스스로 머저리가 된다

내가 그렇게 해대도 그는 진저리치지 않는다
자다 발에 쥐가 나면 서슴없이 일어나 근육을 풀어준다
매일 진저리치게 돈돈거리는 내게
돈 없는 신랑 만나서 고생이 많네, 하면서
몸이 가루되더라고 자신의 역할을 다하겠다며
소처럼 일하는 미저리
가슴에 사무치는 말이 유리처럼 박혀 곪아 터진다
조각마다 분리되는 생각에 진저리가 쳐진다

그의 인내력에 진저리치는 나는
그의 영원한 미저리가 되고 싶다

물의 집

37도를 오르내리는 찜통더위에 매직이 시작되었다
하루에 다섯 번씩 샤워를 해대도
돌아서면 주체할 수 없이 흘러내리는 땀방울
베이킹파우더를 살포해 그들의 침범을 저지해본다
결국, 몸은 스스로 견디지 못하고 땀에게 영토를 내주고 말았다
더위에 늘어진 뇌하수체는 코마에 빠졌다
내 몸을 수 십 년 오르내리며 호시탐탐 영토를 마련하고 싶었던 그들
이천 년 동안 세계를 방랑하며 가나안 언덕을 차지한
어떤 민족의 끈기가 가상하다
홍화반점의 중화요리도 아닌 울긋불긋한 반점이
여름밤을 득득 긁어내린다
피부를 뚫고 나온 물은 저마다 집을 짓고 들어앉아
영토 확장을 꿈꾸고 있다
집 없는 설움 끝자락에 선 물의 반란
누구나 집을 짓고 살고 싶어한다

나를 버무리다

선릉역 광고판 D-36 광고판
사람을 찾습니다, 광고가 나를 물끄러미 바라본다
어떤 사람을 찾지
눈을 크게 뜨고 가까이 갔을 때
시야에 들어오는 것은 고시학원이라는 광고였다
365일 광고가 눈을 부릅뜬다
새로운 일을 시작하며
언제든 스파르타식 전술자가 되고 싶다

하루 24시 책을 읽고 만들고 팔고
구독자를 찾으려 텔레마케팅을 한다
책이 내 기억을 꺼내 조리대에 올린다
기억이라는 무지의 괄약근이 오므라든다
아직도 찾지 못한 나를 겉절이처럼 버무린다
자요, 제가 만든 책이에요
나 한 번 먹어볼래요

마사회 소나무

신설동 마사회 건물 앞
소나무 분재 한 그루 신음을 토하고 있다
좋은 곳을 마다하고 신설동 귀퉁이를 지키며
일 년 365일을 견디는 그가
가끔씩 들어오는 햇볕으로 해바라기 하고 있다
해를 받지 못해 잔뜩 얼어붙은 몸
다리를 시베리아로 뻗치고
팔은 그랜드캐니언으로 펼치고 있다

새 한 마리 오지 않는
노숙의 숲
노름의 숲 속에서
독야청청하는 그
절대로 마권을 사지 않는다

소나무 숲을 향해 달려가는 그의
말발굽 소리 우렁차게 들린다

고대로 가는 길

나침반과 고고학자를 동반하지 않은 채
혼자 중절모도 없이 고대로 간다
남태령을 지나자 마추픽추가 눈에 들어온다
붉은 벽돌의 고대 도시는 동그란 안경알처럼 선명하다
양들이 매에에를 외치며 초원을 뛰고 있다
스웨터를 입은 아가씨들이 풀꽃처럼 웃는다
또다시 전철이 폼페이로 들어선다
이번 역은 한강진
출입문을 빠져나가는 낙타들
드디어 새로움을 여는 창신創新역
이제 고대역은 멀지 않다
점점 더 고색창연한 고대 도시가 눈에 선하다

고대 역에서 내려 강의실로 들어섰다
마야인, 히브리인, 수메르인 모두들 모여 있는 고대도시
그들은 각기 자신의 언어로 시를 쓰고
앞에선 통역관이 나와 통역이 한창이다

복숭아세대

아점의 시간, 버스에 오른다
교통카드를 찍고 좌석을 둘러보니
푸성귀 같은 여자, 옆자리가 비어있다
나는 자리에 앉고 그녀는 내릴 준비에 분주하다
그린 미니원피스에 연분홍빛 꿀벅지
복숭아밭을 이끌고 버스를 내리는 그녀
발걸음마다 도시가 휘청거리고
점포들이 움찔움찔한다

그리고 한 남자가 내 옆에 앉았다
이중커트머리 치렁치렁한 벨트
골반까지 내려간 청바지에 설렘이 인다
쉴 새 없이 자판을 두드리는 그
무슨 화장품을 썼는지 그 남자 향에 울렁하다
지금 가고 있으니 조금만 더 기다려
응, 알았어
폰 속의 풋복숭아 음성, 귀가 달다

스톰 연주[1]

세월 끝자락에서 시간이 세를 규합하고 있다
수심을 자극하는 나무의 함성이 들린다
지하철역 구간마다 비트박스에 맞춰 매트로 댄스대회가 열리고 있다
신용산역에서 타자마자 이내 골아 떨어진 술주정꾼
바람에 흔들리지 않아도 떨어진다
앞좌석에 할아버지 "어이 젊은 양반 일어나"
소음이 승객의 허리를 감싸고 돈다
탄식하는 눈길데모대
안내방송 사이로 파고든다
통과하는 레일 사이로 까다로운 빛이 든다
나는 못 들은 척 못 본 척
일렉트로닉바이올린 소리가 타성에 흠뻑 젖어있다
인생의 틀을 깨는 반전, 강한 비트가 인다
1초 1초 과거 떨어지는 시간들
무관심의 반열에서 무관심꽃이 제주 유채꽃처럼 장관이다
소리가 내 육신을 타고 바닥을 구르고 있다
발바닥은 움찔움찔 댕강거리며 희열의 문을 연다
수명이 고갈된 나무가 걸어간다
전자 바이올린 사이로 레일스톰이 인다
중절되지 않은 중절모에 스톰지폐가 채워진다
사라지는 레일 속으로 나무인간들이 절뚝거리며 간다

---

1) 스톰 연주: 바네사메이 전자 바이올린 연주

여드름을 짜다

시간에 쫓기는 눈물방울이 낙하한다
그녀가 하얀 수문을 열고
밤새 젊음의 터빈을 돌리고 있다
그녀의 흘러내린 옷을 도로 입히고 싶어
엉덩이 살을 밀어 올리지만
흘러내린 눈물비닐이 길어지고 있다
얼마나 아플까
달의 웃음을 끝내 찾지 못한 그녀
구름이 슬퍼하며 무겁게 어깨를 누른다
밤이 구름을 굴리며 가고
달이 밤새 도르래를 돌려 물을 깃는다
그녀 머리 위로 샘이 솟는다
산을 넘고 그녀의 숲을 지난다
강물 앞으로 구른 달이 강을 얼리고
빛을 삼키며 익살스럽게 먹어대는 입에 불이 붙는다
태양의 혀로 녹이는 그녀의 군락이 사라진다
숨죽인 입술 끝에 물 한 방울 구른다

은행잎이 흩날리다

치켜든 머리 위에 노란 새들이 지저귄다
억센 바람에 쓸려간 새떼
남은 자의 웃음이 달 틈에서 날갯짓한다
달 밖으로 밀려난 낙엽이 남은 시간을 탈색한다
나의 시간도 낙엽처럼 짓이겨지는 걸까
주춤거리지 않는 시계바늘에 치켜든 목이 아프다
요리조리 굴리며 비틀어지는 소리가
바퀴를 감으며 딸려 들어간다
시계추가 철컥거리며 떨어진다
추秋의 나이테가 달빛에 춥게 떨고 있다
달 틈에서 숨 없이 운다
달에 각을 떠서 나에게 보낼 수 있다면
달큰한 잠에 들 수 있을지
고양이족 허리가 따뜻해 보인다
노란고양이와 빨간 고양이 나를 스치며 간다
웃음을 걸치며 지나가는 발가락이 노랗다
은행잎은 어느새 울지도 울리지도 않는
울 수도 없는 나의 추秋가 되어있다

책으로의 여행

책을 샀더니 책꽂이가 책을 먹어 치운다
오랜 먼지가 콧속 털을 먹는다
피곤증후군으로 하품을 밀어내며 허리를 편다
한 사람의 인생이 춤을 추듯 추억을 먹어치운다
시작 시선을 잡으며 시점에도 애정이 먼지되어 구른다
등이 휜 새우를 한 입에 삼킨다
마늘장아찌보다 시큼하게 씹는다
책 속에서 문어다리가 나와 입술을 물어 뜯는다
시원하게 속을 달래는 위대함이 웃는다
책 속 여행을 두루 다녀오니 눈의 눈이 열린다
위대한 유산보다 대단한 사람들
그들의 여행을 보니 새끼오리 같은 나를 본다
뒤뚱거리며 오른 지하철 안에서
눈으로 한강물을 마신다

글의 숲으로 떠난 당신
글의 숲에서 무엇 하는지
글의 속도 속으로 반사된 빛
글이 흘러간다
글이 잠을 잘까
글이 나의 하품을 떠먹는다

글요플레, 글을 떠먹을 때마다 사과가 주렁거린다
시간사과를 따먹는다

건네주다

무슨 매니큐어를 바를까 고민하며 화장대 서랍을 뒤진다
반쯤 남은 강낭콩빛 매니큐어 뚜껑을 여니
지나간 1년의 세월이 끈적하게 묻어나온다
아름다움을 방치했던 여인의 시간들이 외출을 시도하고 있다
발톱을 모두 바른 뒤 어떤 신발을 신을까
지난 늦여름 신발장 구석에 쌓아놓았던 여름신발들을 꺼낸다
물방울무늬 샌들, 흰 굽의 검정 끈 샌들, 까만 쪼리
몇 개나 신어본 뒤 옷과 매치되지 않는다는 이유로
결국 망사 신발을 신고 길을 나선다

매니큐어는 보이지 않지만 한결 가벼워진 발걸음
신발 속, 발가락 위 징검다리
한 아줌마를 여자로 건네주고 있다

파운데이션

그녀는 투명 인간
내 머리맡에 고이 잠자거나 일거수일투족을 지켜보다가도
내 마음을 귀신처럼 알아차린다
외출하려고 거울 앞에 앉으면
그녀는 마술램프 같이 뚜껑을 열고 나와
기습적으로 암벽 등반하듯 내 얼굴을 기어오른다
그녀의 모습은 내가 웃을 때마다 눈가에 나타난다
그녀는 내게 와락 안겼다가 조금씩 시나브로 떠다닌다
그녀가 남자들에게 나인 척 다가서면
남자들은 가면의 나를 잊고 그녀의 향에 빠져 헤맨다
그러면 나는 그녀에게 숨어 안도의 숨을 내쉬며
내가 아직 쓸 만한 모양이지, 오만에 빠진다

외출해서 돌아온 나는 그녀와 결별하고
민낯의 나를 만나 이쁘다고 마인드컨트롤을 한다
내일 아침이면 나는 또다시 그녀를 앞세우고
세상의 문지방을 넘을 것이다

호수의 나이테

법원리 호숫가를 가보았다
오랜 가뭄 끝에 수위가 수십 미터나 내려가 있다
물이 서서히 줄어들며
호숫가에는 긴 나이테를 형성하고 있다
제 몸을 비워내야만 드러나는 호수의 나이
스스로 제살을 깎아내고 있었다
수십 년 전 자라던 나무들은 나뭇잎과 껍질을 잃어버린 채
하얀 나목으로 고향을 지키고 있다
떠나간 원주민들은 어디서 살고 있을까
앙상한 나무와 같은 천의 옷을 입고 살던 물고기들은 배를 드러내고
호수는 죽어가는 물고기처럼 물비늘만 가늘게 반짝이고 있다
그 틈에도 낚시꾼들 시름을 낚으려 채임질 한창이다

수몰의 아픔을 보고도 수십 년 째 침묵해야만 했던 호수
마침내 그가 입을 열고 있다
물의 기억이 호수의 언어로 쓰여지고 있다

몸에 파도를 새기다

마른멸치 안주에 막걸리를 마신다
모가지가 달아난 멸치들이 사각 접시에 수북하다
하나를 고추장에 찍어서 먹어보니
바다내음이 짭조름하다
바다를 떠난 지 수개월
바다와의 거리 수백만 킬로미터
그들은 아직도 제 몸에 바다를 새기고
풍랑을 거슬러 오르는 중이다
죽은 지 5개월 지난 멸치
은빛파도를 제 몸에 새기고 있다
또렷한 눈에 파도가 출렁거리며 대서양을 철썩거린다
등선 날렵한 허리로 굽이쳐 오르며 시간을 되뇌이고 있다
오른쪽으로 풍랑을 보내고
왼쪽으로 해풍을 받으며
은빛비늘을 새겨 넣는 바다가
푸푸 숨을 내쉰다

차압

모두들 나가고 없는 오후
딩동딩동, 초인종이 울린다
누구세요, 묻는 말에 다짜고짜
아줌마 문열어요
누군지 알고 문열어요
OO에게 전화해보면 알아요

현관문을 강제로 열며
드릴로 나사를 푸는 소리가 난다
그들이 공격하면 어디로 도망갈까
넓은 집에 혼자 있기에 공포로 움츠러든 몸
잡아끄는 지진이 나를 부서트리고 있었다
희미한 음성이 들려주길 들리길 바라는 간절함
그들을 더욱 발광하는 영웅으로 만들었을까
강하게 두들기며 욕설이 템포를 올리고
발로 문을 차며 모욕하는 그들

그들의 눈은
독 오른 승냥이처럼 붉다

2부
박스테이프

호박고구마

청소를 하다가 부엌 한 쪽 구석에서
고구마가 든 상자를 발견했다
지난 해 가을에 지인이 보내준 고구마였다
바쁘다는 핑계로 그때 몇 번 쪄먹고는 잊고 있었다
그런데 얇은 신문지 한 장을 덮고 겨울을 난 고구마는
제 단단한 살을 묽히며 보랏빛 싹을 키우고 있었다
천리 고향을 떠나와 외롭기도 하련만
고구마는 함께 온 형제들을 다독이며
어느새 푸르게 덮던 벌판을 꿈꾸고 있었다
마대 가득 담겨 리어카에 실려 오며 듣던
흥얼거리던 농부의 콧노래를 몸짓으로 부르고 있었다

물고구마라는 푸대접을 스스로 차버리고
고구마 밭 가장자리에 자라던 호박을 카피해
제 몸에 새긴 호박고구마
나도 촌닭이라는 푸대접을 스스로 차버리고
달짝지근한 호박고구마로 살고 싶다

바람의 화원

몸에 이상 징후가 있어 산부인과에 갔다
몇 년 동안 병원을 찾지 않은 나
그녀는 견디다 못해 나를 곤경에 빠트렸다
아이들을 숨을 쉬게 해준 그녀
사랑을 한결 아름답게 만들던 그녀
여자라는 긍정을 이끌어내어 당당하게 하던 그녀가
요즘 내게 적대감을 표출하기 시작했다

지게다리를 펴고 적신호를 찾고 있는 초음파가 눈을 부라리고 있다
오랜만에 검사를 받으니 지폐가 수북하게 집을 부수며 나간다
그녀는 공공의 적이 되어 점점 나를 곤경에 빠뜨린다
더 이상 풍선이 되어 날 수가 없다
다만 그녀를 가득 채운 것은 얼음뿐
그녀의 냉장고엔 통풍구가 없다

그녀를 녹일 토치램프를 찾는다

길을 잃다
-맛

며칠 앓고 나니 혀가 깔깔하다
혀끝에서 길을 잃었다
그리 좋아하던 치맥도 전혀 맛스럽지가 않다
김치는 소태이고 그렇게 좋아하던 라면조차 나를 외면한다
고추장에 멸치를 먹어봐도
자장면을 쓱쓱 비비며 먹어봐도
청량고추에 혀를 뎁혀도
길을 잃어버린 그는 돌아올 줄 모른다
생의 퍼즐들이 피자판을 채우려한다
길을 잃은 그가 뱃속에서 꿈틀거린다
가슴에서 울컥거리며 속 꽈배기처럼 꼬인다
뱀처럼 굴을 파고들어 앉아있던 그가
길을 헤매고 있다

그가 자주 길을 잃을수록
나는 위태로워진다

우정 순환열차
- 친구 최란희에게

삼성역 근처에서 친구를 만나기 위해 사무실을 나선다
거울 앞에 서서 얼굴에 봄을 새기고
머리에는 연분홍 벚꽃을 올린다
얼마 만에 만나는 친구인지 거리가 가까워질수록
더욱 보고 싶은 마음이 간절하다

바빠 살다보면 친구도 사라지고
가족도 이웃도 저만치 지나간 역처럼 저만치 밀려나 있다
삶은 2호선 순환열차처럼
성공역에서 타 실패역에서 내렸다가 재기역으로 향하거나
결혼역에서 타 이혼역에 내렸다가 재혼역을 향해 달려가기도 한다
아이들 어릴 때 알게 되어
1년이면 한번이나 만날까말까 하는 친구
어떤 일이 있건 없건 상관하지 않고 만나는 친구가 있어
우리의 우정 순환열차는 여전히 달리고 있다
한번 만나면 언제 만날지 모르지만
가슴에는 훈훈한 우정이 순환하고

찬밥덩이

냉장고 문을 열었다
찬밥 한 덩이가 귀퉁이 안쪽에서 잠을 자고 있었다
뜨거움도 없고 포근함도 없는 너는
나처럼 관심 밖으로 밀려나 있다

버려지지 않으려고
푸석거리지 않으려고
베트남 밥처럼 힘을 잃지 않으려고
추운 구석에서 서로를 감싸 안고
오기로 똘똘 뭉쳐진 너를 본다
밥이라는 이름을 잃지 않으려고
신 김치와 결탁해 나처럼 이름을 바꿔버린 너를 본다

위로 언니 둘에 오빠들 넷
막내딸인 나는 사촌언니와 이웃집 언니들 옷을 얻어 입었다
막내 오빠는 전주 이모네 집에서 왕자처럼 하숙을 했지만
나는 쥐들이 천정에 지도를 그리는 방에서 자취생활을 했었다
생일 때에도 선물 한번 받지 못하고 자란 나는
너처럼 찬밥덩이 신세였다

오기로 뭉쳐진 나는
오늘도 찬밥신세를 면하려고 변신을 꾀하고 있다

나무와 새

벌판에 커다란 플라타너스 한 그루 서있었죠
나무는 늘 가슴이 휑했죠
구멍 숭숭 뚫린 나무는 누군가 그리웠죠
아무리 큰 그늘을 지닌 그라도 외로움을 견딜 수 없었죠
어느 날 새떼들이 날아왔죠
나무의 가슴은 노래로 채워졌죠

늘 날개를 저어야만 하는 새들은
어디선가 쉬고 싶었죠
한 참 날다보니 플라타너스가 보였죠
새들은 나무 품으로 숨어들었죠
나무는 새 대신 날개를 푸덕여주었죠
새들은 앉아서도 여전히 날 수 있죠

나무는 새의 즐거운 노래교실
새는 나무의 푸르른 시냇물이죠

내 남자

\- 책

처음 내게로 왔을 때 그는 거북이와 토끼와 고양이로 왔다
차츰 그는 버스로 기차로 비행기로 오다가
나중에는 알아보지 못한 암호로 속삭였다
나는 그의 말을 알아듣지 못해 어머니에게 꾸중을 들어야 했고
선생님은 나의 외모와 관계없이
그의 말을 받아쓰라며 나를 평가했다
나는 그를 사랑하기 위해 태어난 사람
그는 나를 기다리지 않지만
나는 언제나 그를 만나고 싶다
나는 그를 만날 때면 커피 한 잔을 곁들이거나
나자리노의 '아드린느를 위한 발라드'를 듣곤 한다
스물두 살 가을 날 섬진강을 돌아나가는 기차에서 만난 그는
처음으로 나에게 시인의 꿈을 꾸게 해주었고
그때의 설렘은 여전히 심장을 뛰게 한다
그의 몸을 매만지면 어느새 그는 내 마음에 젖어든다
그는 내 머리카락을 쭈뼛 세우거나 깔깔거리게 한다
나는 아름다운 사연을 가진 그를 만날 때면 희열을 맛보며
가끔 그들이 모여 살고 있는 광화문 네거리를 배회한다
이제 그는 내 삶에 없어서는 안 될 사람이다

박스테이프

그는 절대로 본 것을 말하지 않는다
또 남의 것을 탐하지 않는다
끝까지 따라다니며 본분을 지켜
주어진 소명을 다한다
된장, 깍두기, 책에 이르기까지
맛 본거나 읽지 않고도
상대방을 존중하며 지켜준다
결국 거칠게 대접받고
폐인 취급을 당할 지라도
늘 불려 다니길 원한다

비꽃이 통통 튄다

동대문역을 지난다
사람마다 젖은 우산을 들고 들어온다
아이들은 비 맞고 오지 않았을까
창문을 열어놓고 온 건 아닐까
벌써부터 소용돌이치는 마음의 바다다
영등포역, 매트로를 튕기는 비비비
베이베 베이베 비가 노래를 하고 있다
내려서 네이비블루 우산을 오천 원에 샀다
아침 하늘이 높아 두고 왔던 블랙 우산
오천 냥 국밥 한 그릇을 하늘로 펼친다
뜨겁다 김이 모락모락 난다
사람과 차량들 사이로 비가 불빛을 마신다
선녀의 날개옷이 젖어든다
빗속을 걷고 싶은 욕망이 폭풍처럼 분다
젖은 마음을 말려줄 나무꾼은 어디 있을까
물살이 튀어도 매연이 흘러도 시치미 떼고
통통통, 비는 여전히 꽃으로 핀다

살아간다는 것

고려대 평생교육원 주차장을 나오다 보니
동산 위에 철쭉들이 모두 말라 있다
지난봄에 너무도 아름다운 꽃을 피웠을 철쭉
아름다운 두 송이 꽃으로 피워내고 축복받던 신혼시절을 생각한다
긴 돈가뭄에 동분서주하는 그가 거기에 앉아 있다
홀로 사막 같은 가뭄을 견디고 있는 그에게 단비가 되고 싶다
논바닥같이 갈라진 그의 마음이 보인다
흙먼지로 날리는 심장의 파열음이 들린다
구더기로 파고드는 삶의 권태
벼랑 끝에 선 그에게 긴 가뭄이 끝나면
또다시 지루한 장마가 다가서겠지
내 사랑을 긴급 자금으로 수혈해
그가 모든 고민을 분양하고 안정적으로 입주하길 소망한다
지친 영혼을 토닥여주고 싶다
서로 어깨를 감싸고 견뎌
아름다운 가을을 맞이하고 싶다

샌들

집에까지 가야할 길은 아직 멀었는데
샌들 바닥 접착부분이 떨어졌다
지하철 의자에 앉아 있는 나는
누가 내 발을 쳐다볼까 조마조마하다

악어 한 마리 탈출을 강행했다
오랜 잠복을 끝낸 그가 사냥감을 덮치고 있다
단 한 번의 먹이를 챙겨주지 않은 내게
급기야 그가 사나운 입을 벌려 으름장을 놓은 것이다
일 년에 한 번만 먹어도 살 수 있다는 악어가
사랑을 주린 끝에 늪을 박차고 나가
내 체면을 포식하고 있다

어둠의 항해

노을이 하루의 꿈을 그려놓은 이른 저녁
레인보우 빛이 건물을 들고 도시를 배회한다
강변의 낭만을 들이키며 빛과 조우한다
셰익스피어의 언어가 햄릿을 고통하게 하는 동안
마지막 세느강변을 보았던 마리앙뜨와네트의 빛이
단두대의 속도로 떨어진다
“사느냐 죽느냐 그것이 문제로다”
시인의 마지막 대사가 시대를 풍미한다
루브르박물관의 모나리자
웃음을 견디기 힘들어 턱이 빠진다
말이 말에 걸려 넘어진다
말똥구리 구르며 자신만의 역사의 획을 긋는다
회전하는 지구 구심력을 잃고 머리를 털 때
나의 울렁증이 돔 밖으로 튕겨나간다
우주로 빨려 들어가는 음속
시간의 영속은 찰나로 분해된다
어둠이 땅에서 끄는 인력으로 무겁게 떨어진다
하루가 소멸된 햇살근육의 힘으로도 질질 끌려가고 있다
손톱이 갈라지며 자조의 꽃이 핀다
비둘기 떼가 열심히 노을을 쪼아내지만

낙조를 다 쪼아내지 못하고 어둠은 깔린다
후프 같은 율동으로 랩소디가 울린다
헝클어진 머릿결을 따라 결로가 형성된다
가을을 축내던 허상이 미끄러지고
겨울이 매서운 눈매를 치켜 올리며 들어선다

나는 퇴근을 끝내고 집으로 든다

여름, 그곳으로의 여행

여름으로 향한 버스에 오른다
짜증이 하차 버튼을 누른다
여름을 한 아름씩 휘감은 여인들이 올라탄다
할머니 한 분 고독의 다리를 창문 밖으로 씹던 껌처럼 내던진다
젊은이들에게 향한 눈동자가 고속도로의 질주만큼이나 빠르다
오전 내내 잠겨있던 피곤함이 강물처럼 드러나고
텁텁한 혀가 물줄기를 핥고 있다
나는 나노 인간
화하고 답하는 연한 미소가 자일리톨처럼 터진다
손바닥에 올려진 폰에서 새소리가 난다
그들 손가락 사이에 열린 미래가 탐스럽게 익어가고 있다
참외 수박 토마토
입안에서 익어가는 언어들이 이빨 사이 가판대에 올려져있다
다시 시간을 손바닥 위에 세운다
대부분의 사람들이 물컹거리는 날
나는 조각여름을 긁어모아 늪을 가꾼다

의자

어둠 속으로 뽀얀 웃음을 내미는
그대의 얼굴에 나를 포갠다
가녀린 목으로
내 목을 받쳐주는 그는
단 한 번도 내 가슴을 안아보지 못했다

나는 그대로 인해 바다가 된다
내 안에서 파도소리가 들린다
누구나 의자에서는 아이가 된다
반쯤 걸쳐진 달리의 시계가
석양을 펼치고 있다

전봇대, 혹은 아버지

길모퉁이 전봇대 우두커니 서 있다
학교 갔다 돌아올 때면
아버지는 늘 그렇게 전봇대처럼 서 계셨다
그 마을에서 나고 자라
어디로 나가 산 적 없던 아버지
나에겐 어둠을 밝혀 주시던 아버지시다
겨울 승냥이 같은 겨울바람에도
골목을 지키시며 기다리시던 아버지
오늘도 아버지가 서서 기다릴 것 같아
자꾸만 전봇대를 바라다본다

접착제, 혹은 아버지

긴 장마에
지난 가을에 넣어 두었던 운동화의 뒤축 고무가 떨어졌다
얼마 신지 않은 신발이 너무 쉽게 떨어져서 아깝다
붙어있어야만 하는 본드의 임무
계절은 그의 임무를 망각케 하고 있었다

불현듯 접착제처럼 달라붙어 다니던 아버지를 생각한다
시장에 가시면 시장에 따라가고
밭에 가시면 밭에 따라가고
못자리에 가시면 못자리까지 따라 들어가
함께 피사리를 하던 아버지와 나
방죽의 물을 애써 퍼내시고
오래된 해소천식으로 바튼 기침에 숨을 헐떡이며
미꾸라지 저기 있다, 조기 있다, 여기도 있다
손짓하시던 아버지

아버지 떠나신지 어언 25년
아버지의 접착력이 더욱 강해지고 있다

항아리, 혹은 어머니

시골집 뒤란, 항아리 하나 덩그마니 서있다
찬밥 보리밥에 쉰밥까지 씻어 잡숫던 어머니가 거기 서 계신다
해거름녘 들에서 지친 몸을 이끌고 들어와 쌀독을 열면
빈항아리엔 푸득푸득 쌀벌레만 날고 있었다
작은 막대기로 풀숲을 뒤져 애호박 하나 발견하면
횡재 만난 듯 기뻐하시며 수제비를 끓이시던 당신
배고픔에 버럭버럭 화를 내시던 아버지의 눈총과
올망졸망 따라다니던 자식들 성화에
당신의 가슴은 항아리보다 더 허하셨을 테지
아버지와 자식들에게 건더기 다 건져주고
국물만 후르륵 들이켜며 배부르다 하시던 어머니가
다소곳이 앉아 계신다

물비늘을 벗긴다

근무시간인데도 너무 졸려서
시원함이 부르는 곳
사무실 근처인 청계천 황학교 아래로 나갔다
교각 아래에서 비둘기들과 대화를 한다
소풍 나온 할머니들의 웃음이 물비늘을 만들고 있다
지나가는 사람들의 발소리가 봄으로 행진을 한다
상쾌한 바람이 오욕칠정이 씻기어가는 것 같다
멀리서 자연을 관음하던 나를 물가에 내놓으니
물고기가 물을 만난 듯 편안하다
봄이 때를 가리지 않고 물속으로 뛰어들고 있다
나도 시를 가리지 않고 물가에 서서 여인의 계절을 빠뜨린다

눈으로 먹은 봄의 눈꺼풀을 푸르게 열고
마음의 물비늘을 벗긴다

손

노적봉에 오른다
비가 온다는 예보를 듣고 올라왔지만
산을 오르자마자 빗방울이 떨어진다
정신없이 내려오다가 발을 헛딛고 넘어졌다
어릴 때 넘어지면 혼자 일어나라고
아버지는 손잡아주지 않았다
나도 아이들이 클 때
손잡아주지 않고 일어서길 기다렸다
울먹거리며 눈물을 흘려도
괜찮아 손 털고 일어나, 옳지 우리 토끼 잘할 수 있어
그런 시시껄렁한 말로 눈물을 짜내게 했다

부딪치고 떨어뜨리고 매사에 어설픈
나의 손을 재빠르게 잡아주는 그
넘어진 나를 보고 어이없어 웃으면서 달려온 그가
겉만 멀쩡해, 라고 말하며 먼지를 털어준다
이젠 우리 가족이 모두 행복하길 바라며
내가 먼저 그에게 손을 내민다

시간의 터널

어둠과 밝음이 교차하는 순간
새로운 시간대에 불시착했다
뭉툭하게 무뎌진 시간을 싸매어
견고하게 포장된 시간을 빛의 퀵으로 보낸다
퀵서비스 맨은 금성으로 점프하여 지구를 밟고
목성으로 간다

같은 나이의 시간의 간격을 늘리어 시침으로 쓰며
같은 공간에서 다른 공간을 늘려 분침으로 쓰고
수직과 수평의 회오리를 접어 초침을 만든다

어제의 그 어제 지나왔던 시간의 칩을 꺼내어본다
웨딩 플래너들이 주변을 맴돌고 있다
순백의 드레스를 입은 시간 언약식
클로이 공주가 고등동 계단에서 오르다 굴러서 울고 있다
영어학원에서 해리슨이 영어말하기 시간에 갇혀 있다
암송을 잘하니 로버트가
굿잡! 엄지손가락을 들어 올리자 창이 열린다

우주 회로가 닫히는 사이 시간의 터널이 열린다
시간이 점차 밀리며 러시아워가 된다

3부

짝사랑학개론

카멜레온

맑음이 빗물처럼 흘러가버린 오후
파랑새 같던 가뭄들이 대지와 실랑이를 끝내자
거리로 쏟아져 나오는 사람들
그녀의 반란이 시작된다
화려한 깃을 세운 그녀가 전철에 오른다
가부끼식 짙은 화장의 게이샤
10Cm 넘는 킬힐을 신고 도시를 무대로 공연을 펼친다
손톱으로 무지개 도랑을 파낸다
해바라기 웃음이 봉긋 솟아난다
혼탁한 도시의 통치법은 음양오행설
외곽으로부터 달려온 전철이 한강 건너 남영역을 지나고 있다
진실한 사랑은 그렇게 짧은 걸까
그녀가 좋아하는 물길이 순식간에 사라져
숨이 딸깍 멈출 것만 같다

전철에서 내려 도시 속으로 걸어가는
그녀에게 뭇 시선이 꽂힌다
그녀, 네온사인을 깃으로 펼치며 공연 중이다

우화를 꿈꾸다

생맥주집에서 구멍 뚫린 과자를 먹고 있다
가슴 뚫린 벌레들이 바스락거린다
까칠한 피부가 가랑잎을 닮았다
굴참나무에 살던 쐐기였을까
초록의 내 마음을 갉아먹고 있다
벌레, 생각 만해도 앨러지가 올라온다
어릴 적 아버지와 참깨를 베어 나를 때
손가락만한 깻망아지가 툭 떨어지면
고래고래 소리 지르며 도망을 갔던 생각이 난다
생맥주 집 하이델베르크
그 깻망아지가 도심을 갉아먹는 소리 들린다
순간, 이상을 향한 솜털이 선다
독을 잔뜩 세우고 상상의 잎을 갉아 먹고 있다
내 안에서 쉼 없이 꿈틀거리는 벌레들
나비로의 우화를 꿈꾼다

왕새우 소금구이

- 풍물시장 윤은순 언니 종로빈대떡에서

저녁 때 찾아온 손님과 찾아간 풍물시장
물 좋다는 주인의 권유에 따라 대하구이를 시켰다
하얀 왕소금 위에 가지런히 누운 새우들

수염이 제 몸보다 길다
전생에 신선이었나 보다
발이 지네처럼 많다
전우치[2], 물 위를 걷고 있는 중이다
갑옷을 입었다
왜구의 잦은 침략에 장수들, 활시위를 당기고 있다
툭 튀어나온 눈
뒤통수를 얻어맞을 일을 했나 보다
투구를 벗겨내자 드러나는 하얀 속살
옛날엔 여인들도 수염이 났던 건 아니었을까

허리를 편다는 것은 휴식이 아니라 정리해고
단 한 번도 누워보지 못한 그들이 마지막 잠을 청하고 있다

2) 영화 제목

장마

1.
두 나라는 오랫동안 서로 으르렁댔다
장비는 버럭 소리를 질렀다
여봐라, 한 놈도 남기지 말고 모조리 쓸어버려라
적의 민심이 수천으로 갈라질 때쯤
전투명령이 떨어졌다
여기저기서 섬광이 번뜩였다
적군은 갑옷과 방패를 들고 결사 항전했다
흙먼지 일으키며 서로 뒤엉켰다

전쟁이 끝나자
초목이 크게 웃었다

2.
한 놈도 남기지 말고 모조리 쓸어버려라
민심이 수천으로 갈라질 때쯤 전투명령이 떨어졌다
여기저기 섬광이 번뜩였고 화살이 빗발쳤다
둘은 흙먼지 일으키며 서로 뒤엉켰다
결국, 가장 먼저 웃는 것은 초목이었다

질경질경에 대한 동경

수암산으로 오르는 길목
칡넝쿨 한 올 여름을 타고 오른다

어릴 적 오빠들이 캐온 알칡
작두로 자를 때 주르르 쏟아지던 즙
베어내도 캐내도 기어이 살아난다는 칡
쓴맛으로 먹던 기억이 달콤함으로 다가온다
시 쓴다고 듣던 가족들로부터의 쓴 소리와 냉대를 파헤쳐
달콤 쌉싸름 한 시詩칡뿌리를 오래도록 질겅질겅 씹고 싶다

기타리스트, 기타 줄을 팽팽히 당기는지
멀리 구름이 당겨온다
날개 없는 것들에 대한 소망
땅의 특명을 받아 하늘을 끌어내리는 중이다

콩나물시루

출근길 버스에 오른다
손잡이 올무에 잡힌 사람들
콩나물시루 속에서 두 손을 뻗치고 있다
졸린 하루를 걸친 턱 선이 가지런하다
밀리고 밀려 빼곡하게 차오른 어둠이 그들에게 최면을 건다
서서가는 내 앞에서 알랑거리는 공격적 최면은 가끔 오금을 저리게 한다
반짝 눈을 뜨고 주변을 본다
여전히 흔들리는 파동
고요를 침대삼아 겨울을 흡입한다
대롱거리는 다리사이로 진땀이 샘솟는다.
나의 몸을 밀치곤 적반하장으로 바라보는 옆 사람
월요일 아침 버스는 그들을 하나씩 토해낸다
우르르 쿠륵대며 한 입에 토해낸다
신도림역에서 나도 토한다
삶이 그대를 속일지라도 슬퍼하거나 노여워하지 마라[3)]
시가 머리끝을 세우며 또 한 번 와르르 쏟아낸다
목구멍으로 고독이 울럭거린다
길가 하수구에서 출근하는 쥐 한 마리 기어나온다

---

3) 푸시킨의 시

구름계단

- 전철 6호선

6호선 동묘역
여섯 번째 칸, 여섯 명이 앉아 있다
몽롱한 순간, 여기가 어디지?
가만히 앉아서 길을 잃어버렸다
균형을 이탈한 뇌는 방향을 잃고
오고가는 인파 속에 혼자 서있다
Where am I? where am I?
주섬거리고 상실의 눈을 찾아 뇌를 하나씩 접합한다
얼마 되지 않은 사람들 속
덩치 큰 담배향에 거부의 몸짓이 시동을 건다
자리를 옮겨 약간 멀리에 앉는다
초점을 회복하여 봉화산행 6호선에 기억을 옮긴다

전철에서 내린 나는
꿈을 향한 구름계단으로 바꿔탄다

겨울을 위한 발레

간밤 맹추위에 길바닥이 꽁꽁 얼어붙었다
잠시라도 한눈을 팔면 뒤로 넘어질 것 같다
양팔을 펴 살금살금 걷는다
나를 뒤 흔들던 모호한 생각들이
하나씩 춤추며 발레리나가 된다
가로등도 서로의 날개를 펴고 도시를 공연한다
전철도 그녀를 위해
아침에서 저녁을 잇는 발레 중이다
발을 빨리 구리며 지젤을 공연하는 열차의 바퀴
가로수들은 탭슈즈를 신은 채
발을 들어 데벨로페[4] 데벨로페 뻗다가
앙오[5] 팔을 뻗는다

전선들 일제히 알라스공드[6] 알라스공드
팔을 펼치고
전철에서 내린 그녀도
조심조심 알라스공드 알라스공드 걷는다

---

4), 6), 7)은 발레의 동작

스토커 스토킹

늦은 밤 잠자리에 눕는다
'이 밤 편안하게 꿈나라를 볼 수 있을까'
천장에 'I love you'가 푸른 형광빛을 발하고 있다
빨리 잠들기를 기도해본다
포근한 모태가 그립다
하지만 놈은 나를 공격하기 시작한다
고단한 밤을 철목에 두르고 빗발치는 기침탄두가
어둠을 천공한다
밤이 가기만을 기다리며 베개를 끌어안는다
움츠린 굽은 등 위로 밤비가 쏟아진다
송곳으로 찌르는 듯한 놈에게
편안을 상실했다

눈을 뜬 듯 만 듯 아침을 맞이한다
태양빛은 모래알처럼 까끄러운데
비틀린 발걸음 비틀어진 내장을 끌고 간다
아직 찬바람은 편도를 교묘하게 공격하고 있다
놈은 그렇게
떨어질 줄 모르고 스토킹한다

황태

퇴근길, 황태처럼 깡마른 노숙자를 만났다
눈은 십 리나 들어간 듯 퀭했고
목의 굵은 식도가 드러나 있다
넘실대는 바다가 그리운 황태 같다
푸석하게 먼지 쌓인 사타구니에
허연 소금꽃이 피고 있었다
거친 손, 양팔이 흐느적거린다
동해바다를 넘나들며 힘차게 물살을 가르던 저 지느러미
굽은 등 뒤로 슬픔이 노을처럼 넘실거리고 있다

저 어깨로 공사판에서 각목을 들어 날랐을까
저 두 팔로 봉재공장을 이끌던 재단사는 아니었을까
잇단 사업실패로 가족과 헤어져 거리로 밀려나왔을까
한때 가족들과 알콩달콩 진하게 살았을 그
또다시 지느러미를 힘차게 움직여 격랑의 바다를 거스르며
굽은 어깨를 펼쳐 접영하며 푸른 파도를 유영했으면 좋겠다
그리하여 인생 막바지에
황태처럼 진한 국물 맛을 낼 수 있었으면

탈출 모의 중

녀석들은 꽃샘추위 따라 우리 집으로 침입하였다
우리 네 식구는 모두 그들의 포로가 되었다
잠시 몸을 기웃대는 사이 놈들은 흉기를 내두르며 난동을 부렸다
급기야 놈들은 우리들 목에 쇠사슬을 감고 이리저리 끌고 다닌다
밤새 우리 집에서는 체인소리가 끊이지 않았다
놈들은 시시각각 우리의 잠을 깨우며 고문했다
우리는 놈들의 도주로를 차단하고 큰 기침하며 몰아세웠다
우리는 급기야 경찰서에 수사를 의뢰했다
흰 가운을 입은 수사관들이 대대적인 수색작전을 벌였지만
놈들은 모습을 드러내지 않은 채 더욱 교묘히 인질들을 괴롭혔다

수사관 : 아, 하세요
인질 : 너무 아프니 잠 좀 자게 주사 좀 놔줘요, 수면제든 약으로요

결국 온 마을에는 방독용 푸른 약이 살포되었다

굶주린 녀석들은 우리들의 웃음을 맛있게 먹어치웠다
녀석들의 광기가 눈동자 위로 벌겋게 올라왔다
우리는 모두 고목나무가 되어 수렁에 발을 담그고 있다

녀석들은 지금 쇼생크 탈출을 모의 중이다

꼬리

쥐꼬리만한 봉급을 향해 오늘도 전철에 오른다
내 꼬리는 어디 있을까
여우꼬리 시꼬리 먹을꼬리
내게 붙은 기존의 꼬리들을 떼어버리고 기다림의 꼬리를 단다
후줄근하게 아침의 꼬리를 붙잡고 섰다
잠의 꼬리를 쥐며 눈을 감는다
성깔머리 더러운 고추꼬리
그런 내가 도시의 꼬리를 침묵의 꼬리로 휘감는다
옹졸한 생각의 꼬리가 두더지처럼 짧다
이리 꿀럭 저리 꿀럭 못된 성질의 꼬리가 뱀처럼 스멀스멀 도시의 담을 넘는다
상실의 꼬리는 여전히 연꼬리처럼 길다
잘라내도 잘라내도 자꾸만 자라나는 자학의 꼬리가 도마뱀의 꼬리 같다
아무리 꼬리를 휘둘러도 쇠파리를 잡을 수 없는 송아지의 꼬리 같은 것
이놈들아 저리가라, 저리가
오늘도 정체불명의 꼬리를 달고
꼬리 긴 사람들의 행렬을 따라 전철을 내려선다

파밭의 나비

억수같이 장맛비가 내리는 날
멀리서 한 시인이 찾아왔다
우린 날궂이한다며 풍물시장으로 갔다
해물파전에 막걸리를 시켰다
막걸리 병은 세상을 들었다 놓았다 하고
오징어는 파전 속에서 꽃이 되었다
망망대해에서 표류하던 근심들
막걸리 한 잔에
추억의 나비가 파밭에서 나풀거렸다

시인의 가방에서 꺼낸 부채 한 점
얼쑤, 적벽가 한 마당에
오징어가 먹물 튀기며
한계령을 넘어가고 있다

성북행, 성폭행

영등포역에서 내려야 하지만 노숙자들이 너무 많아 불편하다
안산 발 버스에서 내려 신도림역 1호선 전철로 갈아탔다
오직 주시하는 것은 빈자리
앉자마자 스마트폰에 얼굴을 들지 않는다
이번 열차는 성북행, 성북행 열차입니다
서너 명의 여학생들 귀에는
이번 열차는 성폭행, 성폭행 열차입니다, 라고 들리는지
존나 재수 없다, 뭐야 성폭행이라니
낄낄대며 웃는다

인터넷과 휴대폰 속 범람하는 음란물
끊임없이 이어지는 성접대, 성폭행 뉴스
빌딩으로 가정으로 깊숙이 파고든 성
어둠이 팽배한 도시의 이단자들
여아들을 탐식하듯 지켜보고
침해당한 골목마다 검은 고양이들이 발톱을 세우고
오류의 사회는 종착역 없이 마구 달리고 있다

선글라스

오월이 되자 햇살이 점점 눈부시다
평소 해를 볼 때마다 눈이 찡그려지는 나
서랍 안에서 잠자던 선글라스를 꺼내
거울에 비춰보며 셀프카메라를 찍는다
눈가에 주름이 감춰지고 새로운 세상을 보는 것 같다
거울 속 나의 섹시함과 서구적 포스에 매료된다
적당히 어두운 세상이 나의 매력에 맞는 것 같다
오랫동안 책상다리를 하고 생각에 잠겼던 그가
잠자리 눈을 뜨고 밖으로 나를 끌어낸다
코끝에 선글라스를 걸자
발걸음이 경쾌해지고 여행을 떠나 듯 좋다
코끝에 올려진 자전거 한 대가
침묵을 다독거리며 풍경 속으로 달려간다
직시할 수 없었던 세상살이가 모두
한 꺼풀의 장막을 덮고 평화롭다
단점을 장점으로 여기며
본 것을 절대 발설하지 않는 그
잠자리 눈을 통한 가면무도회
함께 춤출 수 있는 세상을 꿈꾼다

라일락을 꺾다

우산각공원에서 사진을 찍다가 하도 예쁘고 향기가 좋아서
가지 하나를 꺾어다 와인글라스에 꽂았다

사선으로 꺾인 가지는
자기의 상처를 잊고 여전히 물을 길어 올리고 있다
아침에 사무실 문을 열어보니 어제보다 훨씬 향기가 그윽하다
햇빛을 보지 못한지 며칠째
라일락은 더욱 진한 보랏빛을 발하고 있다
요술방망이 같은 꽃망울이 터지자
저마다 자색 다이아몬드를 달고 향기를 번득거린다

꺾인 몸으로 본분을 다하는 그녀는
그녀는 어두운 밤에도 갇힌 몸으로
최선을 다해 꽃을 피어내고 있었다

내 몸에서 꺾여나간 두 아이는
여전히 생글생글 웃음을 꽃피우고 있다

천상 여자로 태어난 나는 라일락
언제 어디서나 화사하게 꽃피워야 한다
꽃이란 어떤 경우에도 피어나야 한다는 것을
그녀에게 배운다

수면여행

찾아오는 이 없고, 전화벨소리도 뜸한 틈을 타 찾아온 잠
졸린 눈을 비빈다
하품하는 입속으로 이른 저녁여행을 떠난다
곡괭이로 어둠을 콕콕 찍어 한 입 삼키고
저녁만찬을 위해 삽들이 모였다
하루의 견고한 피곤을 퍼내고
불편의 바윗덩어리를 깨뜨린다
생각의 씨앗을 묻으며 저녁노을을 얹어놓는다
오늘은 내일을 위한 배려의 선물
하루 동안 불거져 올라온 잡념을 평탄작업한다
오늘도 잠을 자고픈 불면의 백성들은
수면의 나라로 가기 위해 길게 줄 서있다
잠을 한 삽 퍼내면 또 한 동이의 불면이 샘물처럼 고인다
잠라대왕은 수많은 불면대신들을 파송했지만
다크서클 드리운 대신들은 본분을 잃어버린 채
혼자 잠 속으로 걸어가고 있는 나를 막아서지 못했다
잠나라는 깊고 그윽했다
몽롱한 연기가 피어오르고 거미줄이 여기저기 걸려 있다
기나긴 잠의 뿌리가 건물과 나무를 기어오르고 있다
나는 축지법을 사용했다
한 걸음에 수천 킬로를 걸어가거나
순간에 몇 백 년을 뛰어넘었다

그 나라에는 온통 깨어있는 백성뿐
잠자는 이는 아무도 보이지 않았다

따르르르릉 따르르르릉
전화벨 소리에 깜짝 놀라 수면여행이 끝났다
순간 잠라왕국의 일들은 모두 사라지고
서산의 붉은 저녁노을이 밝음을 쓸어 묻고 있었다

셀카놀이

갑자기 찾아온 더위를 식히려
안산 노적봉 인공폭포에 갔다
수 만 방울로 떨어지는 물
와, 소리와 함께 인증 샷을 찍는다
카메라를 열어보니 사진이 모두 맘에 들지 않는다
내 얼굴이 왜 이러지, 턱을 깎아야 하나
각도를 재며 찍히는 800만 화소 폰카메라엔
팔백만 가지 불만이 한 종족으로 살고 있다
점점 두루뭉술해지는 허리
그 나라 수도 배둘레햄에는 둘레길을 도는 순례자가 있다
서로의 열기를 식히는 분수춤
줌으로 당겨진 모호한 웃음이 색색으로 춤춘다
갤러리의 여인, 각도를 상실하여 다만 둥글다
젊음과 꿈이 사각의 앵글 속에서 꿈틀거린다

젊고 예쁜 여인을 만나고 싶어
계속 눌러대는 셔터소리
물소리도 들리지 않는다

집을 사다

퇴근길, 비가 내린다
홀럭홀럭 우산을 펼친다
붉은 나무 한 그루가 눈 깜짝할 새에 자라난다
나는 금세 비非로부터 격리된다
내 안엔 욕망의 나무들이 숲을 이루고 있다
곧 고통으로부터 격리될 수 있다는 생각을 한다
찔러도 모르는 한 방의 마취주사처럼
끙끙 앓은 나에게 우산을 펴줄 이는 없을까
나를 격리시키고 가족을 격리시키며 결국 꿈을 격리시키는 돈
외면을 격리시키며 상처를 격리시키고 결국 좌절을 격리시키고 싶다
집은 늘 변경할 수 없는 날짜변경선인가
저녁 늦게라도 나는 집으로 돌아가야만 한다
펼치면 바로 집이 되는 우산 같은 집은 없을까
새싹이 움트는 나무처럼 내 그늘이 풍만해지길 꿈꾼다

오늘은 강남터미널 사거리에 집을 펼치고
야들아, 엄마 강남에다 집 샀어
아이들을 부른다
모처럼 자기 집을 산 사람들
발걸음이 등기소로 향하듯 종종거린다

짝사랑학개론

여름 구두를 사러 동대문 쇼핑타운에 갔다
에스컬레이터를 탄다
내 신발은 거대한 체인으로 변해 서서도 빌딩을 오른다
7층 신발매장,
수만 켤레의 신발들이 수만 킬로미터의 길을 향해
뒤꿈치를 움찔거리고 있다
뚜벅뚜벅, 세상을 향해 당당하게 걸어갈 신발들
누구를 걷어차거나 걷어차일 신발들은 보이지 않는다

화려한 조명 아래 회색 옷의 그가 눈에 띄였다
서울에 처음 왔을 때 만났던 그 남자처럼 멋있게 보인다
멋진 남자를 만나고 싶은 마음은
모든 여자들의 이상향
그는 아프리카 초원을 달리던 우사인 볼트가 아니었을까
거센 물살을 맨 앞에서 건너던 그
달려드는 사자의 얼굴을 가격한 채 무리를 이끌고 달리는 듯
누 떼들의 힘찬 발굽소리 들린다
최근 아들과 함께 방한한 '에프터 어스'의 주인공 윌 스미스 같은 그
그를 만나면 3072년으로 불시착할 것만 같다

그를 만나 서울바닥을 쏘다니고 싶지만
주인은 그의 몸값을 너무나 높게 요구했다
그와 헤어진 지 며칠이 지났지만
쇼윈도우를 지날 때마다 그의 모습이 떠오른다
짝사랑은 이루어지지 않는다는 통설은 사실이었다

배고픈 빽

-황박사왕수원갈비에서

딸아이와 유명하다는 신설동 갈비집에 갔다
이른 저녁시간이었는데
수 십 명의 사람들이 번호표를 타서 기다리고 있다
번호표를 받으니 스물일곱 팀 후에나 먹을 수 있단다
나는 기다리자고 하고
딸아이는 그냥 다른 데로 가자고 한다
번호표를 반납하고 그냥 가려고 하니
왜 그냥 가느냐, 주인아저씨가 묻는다
딸애가 배가 고파서 기다릴 수가 없대요
그래, 그럼 배고픈 빽으로 먼저 들어와 먹어라
주인은 우리 일행을 최우선으로 앉히고
서비스로 차돌박이를 푸짐히 가져다 주었다

배고픈 것도 빽이 될 수 있다니
먼저 판단하고 말대꾸하고 엄마를 힘들게 해
자주 아빠에게 야단을 맞던 딸
나는 루이비통 프라다 샤넬보다 든든한
딸빽이 있음을 이제야 깨닫는다

4부
밀림의 계절

발가락 옹이

딸아이가 내 발을 들여다보더니
엄마 발가락이 왜 그래, 묻는다
나도 어려서 엄마의 발가락을 보며 그런 질문을 했던 생각이 난다
마을 앞 논으로, 모정母亭[7] 지나 밭으로
발을 학대하며 고무신마저 손에 쥐고 동동거리던 어머니
예쁘지 않은 발을 보며, '엄마 발 좀 예쁘게 해봐' 했는데
이제 내 발가락이 소나무 옹이처럼 퉁그러져 있다

돈이 흔치 않던 20대
너무나 사고 싶었던 예쁜 신발들
신데렐라를 꿈꾸던 나는
값싸고 화려한 신발에 발을 구겨넣었다
어쩌면 촌에서 자라 신데렐라콤플렉스를 느꼈는지 모른다
화장품 판촉사원으로 다니던 30대
화려한 얼굴 뒤에는 짓누르는 하이힐
결국 그로 인해 울퉁불퉁 변형되고 약해진 발
세월만큼이나 낡은 습관들이 곳곳에 분화구를 만들어
고통을 분출하고 싶었나 보다

---

7) 모정 : 고향 마을에 있던 정자의 이름

몸에 비해 발이 작고 예쁘다는 소리를 듣던 나
옹이처럼 굳어진 습관들이 전쟁의 낙인처럼 찍혀있다
골판지처럼 갈라진 발바닥으로 빠져나간
시간을 되돌릴 수 없지만
다시 한 번 하이힐을 신고 서른두 살을 걷고 싶다

빨래하다

저녁 11시 훨씬 넘어서 집에 도착했다
졸린 눈을 억지로 뜨고 세탁기를 돌린다
나를 끌고 가는 비릿한 수면이 창을 넘어 온다
가까스로 뜨고 있는 눈 위에 성에가 낀다
감기바이러스 아우성에 세탁기가 출렁거린다
들을 지나고 산을 넘어온 바지들이 서로 엉켜 씨름하고 있다
빛바랜 밤을 내보내며 창밖으로 튀어나오려 한다
기침소리, 평화를 가지고 싶지만
삐걱거리는 세탁기 소리에 열을 안고 간다
나와 동행하는 그가 나를 따라 온다
점점 가라앉는 실눈 사이로
11시 39분이 뻥공뻥공 소리를 난다
충혈된 목구멍에 손을 넣어 세탁물을 꺼낸다

빨래 건조대에 빨래를 넌다

화단에서

길가 화단의 폐타이어
아침인데도 출발하지 않는다
출발하지 않고도 달릴 수 있는 새로운 출발
그들은 둥글게 둥글게 서로를 엎어
속도를 가린 채 향기로 내달린다
수천 킬로미터를 달려왔을 그들
쉼 없는 움직임으로 꽃의 만개를 부추기고 있다
반복된 고립 안에서 꽃멀미가 난다
무리수를 두고 달리던 길과 마모 사이
인내의 시간들은 한숨을 몰아쉬며
미간 사이에 꽃을 피우고 있다
미래로 달리던 신혼부부 승용차의 타이어
과거로 달리던 장례 차량의 타이어
현재를 달리는 야채 생선행상 타이어
모두들 한 가락 했던 그들이 어깨를 으쓱이며
조심조심 한 목소리로 꽃의 세레나데를 부르고 있다
돌이킬 수 없는 속도의 이름들이
송이송이 꽃으로 만개하고 있다

바람을 뚝 꺾어서 여름을 심어놓는 폐타이어
폐타이어는 지나가는 바람을 용납하지 않는다

버스 수족관

아침부터 찜통 같은 더위다, 버스에 오른다
아저씨는 더위를 느끼지 못하는 걸까
에어컨을 켜지 않는다

출발한 뒤 첫 번째 정류장
문이 열리고 알래스카 이글루에서 걸어나온 듯
목선이 시원한 청춘남녀들이 오른다
형형색색의 열대어들이 여름을 유영하고 있다
날씬한 아가씨는 6번 시트 왼쪽에 앉고
뚱뚱한 아가씨는 10번 맨 뒷칸 내 옆 구석에 앉고
한 청년은 8번 씨트 오른쪽에 앉는다

10번 물고기가 푸드덕거리며 부레를 띄워 물 위로 솟아 오른다
늪 같은 오후, 내 옆에 앉은 떡붕어의 숨이 가쁘다
9번 가물치가 창문을 연다
창밖에서 샘물이 쏟아져 들어온다
소라와 고동들이 내 살갗을 스치고 지나간다
온 몸에 수초가 돋는다
밍글대는 타액이 습지를 닮았다
모호한 여름이 잃어버린 여름에 갇혀 팽창한다

촉감들이 내 오감을 일으켜 세우며 카니발처럼 춤춘다
성性의 오로라를 탐지하듯
나는 원시의 바닷속을 인어처럼 헤엄쳐 다닌다

근대국

사촌인 명선 언니가 준 근대로 국을 끓인다
된장 한 스푼을 풀었다
운교리 하원산 콩밭, 콩잎의 푸른 날들이 푸르르 끓는다
잔멸치 한 주먹 넣었다
거센 물살을 가르며 몸에 새긴 비린내의 시간들이 튀어 오른다
고춧가루 한 스푼으로 얼큰한 맛을 냈다
모시적삼에 부채를 드신 아버지의 판소리 한 소절이 얼큰하다
배창시까지 짜리리하게 퍼져오는 게 모든 반찬을 물리친다
근대국 마시며 어이쿠 시원하다 하시던 친정엄마 생각이 난다
빳빳하던 근대가 자신의 존재를 누그러뜨리고
흐물흐물 녹아들어 형용 못할 맛을 우려내고 있다
근대는 칠남매를 건사하는 친정엄마의 잰 발걸음의 맛과
근성을 잃어버리고 근근이 살고 있는 내게
삶은 줏대를 세우는 것이 아니라
어울려 우러나야 하는 거라 알려준다

간격

건너면 안 되는 레일다리를 건너
너에게로 간다
달려도 끝을 알 수 없는 노선 사이
행복 티켓을 구하지 못한 갈등이
삼삼오오 웅성거린다
그저 지나가야 사는 레일
지그재그 파장이 인다
칸칸이 웅성거리는 소리가
풍경을 삼키며 속도를 민다
사랑은 메아리라는데 사실일까
사랑을 잃어버린 그녀는
여전히 터널 속에 있다

동강할미꽃

동강 가 할미꽃
지팡이도 없이 허리를 꼿꼿이 세우고
바삐 언덕을 넘어가고 있다
냇가에 비치는 뽀얀 얼굴
일찍 시집가서 일찍 손자 얻은
신세대할머니인가 보다
어깨를 스치며 그녀 옆에 선
테너의 봄
벚꽃 잎 빗금을 그으며
축제를 알린다
달이 얼비치는 둔치
달과 그녀의
무도회가 열렸다

월식

태양의 폭력이 난무하는 여름날
그림자의 춤이 횡단보도를 건너더니 이내 사라졌다
네온의 지대
온종일 멸치처럼 말라 퀭한 시선들이 생맥주집을 기웃거린다
바람을 저축한 가로수는 근엄하게 여름을 버티고 있다
자정 무렵, 사람들의 발길이 뜸하다
택시들은 저마다 장거리 손님을 호객하고
가까스로 마지막 전철에 오른 나는
긴 공동의 뱀이 되어 배를 깔고 날름거리며
시간의 간격을 곤충인양 잡아먹는다
도둑 샐러리맨 택시기사
건물 전철 화단의 꽃 모두 뭉뚱거려
포로로 끌고 가는 오만한 자정
잔뜩 겁먹은 시간들이
뱀 앞의 개구리처럼 움츠리고 있다
정적들이 몰락하는 긴긴밤
관능고양이의 털이 일제히 일어선다
발자국들의 반복된 고립이 과거의 사막을 할퀸다

달은 태양의 부정을 발설하지 않는다

그 바다
- 산

조류를 타고 몰려다니는 신의 물고기들
신나게 흘러가는 저 하얀 계곡뱀장어
눈만 반짝반짝하는 자작나무 치어들
한 덩어리로 몰려다니는 소나무 상어떼들
밤나무는 성게마냥 햇빛을 뻗친 채 산란한다
어장처럼 둘레가 쳐진 묵정밭에 몰려있는 개망초 구절초 억새
저마다 알을 품고 얕은 해안을 돌며
물결 따라 흔들린다

고향으로 돌아가고 있는
저 쑥부쟁이연어 떼 좀 봐

사글세, 사 글세

집에 들어가는 길목 언저리
할머니 한 분
쑥 한 움큼, 미나리 한 움큼, 달래 조금
좌판을 펼쳤다

사, 글세
더 준다니께

오늘은 두 번이나 어긴 사글세 내는 날
이리저리 억지로 아귀를 마친 나는
주인의 억지가 너무 쟁쟁해
사라고 발목을 잡는 할머니의 부탁을
들어주지 못했다

안개정국

전철이 이촌역에서 동작역으로 향하고 있다
동작대교가 안개에 싸여 잘 보이지 않는다
덜컹덜컹, 안개의 뼈가 나를 떠받치고 있다
안개에 철교 윗부분만 보이지만
물을 매트래스 삼아 뛰어 놀고 있다
아파트 숲을 지나자
안개는 건물 사이사이로 틀어 박혀
전철 바퀴 밑으로 깔리는 안개
아프다는 말을
철커덕철커덕으로 대신한다
안개 없던 여름은 내겐 안개정국이었다
안개가 시나브로 생산되는 가을공장
안개는 새벽에만 다량으로 생산된다
안개를 따라가고 있는 나의 가을정국은
안개 없는 계절이길 소망해본다
빼곡한 안개가 나의 계절을 닥치는 대로 포식중이다

나쁜, 나쁜

아는 시인들과 충무로에서 만나
노가리 안주에 맥주를 마신다
그 집 안주는 달랑 노가리 한 가지
딱딱하게 마른 노가리는 파도에 밀려 고향으로 떠나갔다

한 동네 유명시인이
목을 매달아 자살했다며 엄마는 시를 쓰지 말라고 했다
시의 존재는 삶의 맛을 돋우는 고추장 같은 존재
시는 결코 자살을 부추기지 않는 것처럼
노가리를 아무리 찍어먹어도
고추장의 존재를 알아차리거나 감사하지 않는다

고추장처럼 수고한 어머니의 수고를 아는 것은
오직 나뿐,
그런 어머니에게 감사를 전하지 못한 나는
고추장처럼 말없이 어울려 살고 싶은
나쁜 딸이다

꿈의 보이스
-지하철에서 만난 여고생들

평촌 '꿈꾸는 치과'에 간다며 나를 태워다준 신랑이
부자의 꿈을 꾸도록 평촌역에 내려놓는다
출근의 중간지점에 이른 나는
허스키보이스 여학생들의 수다에
추억을 꿈꾼다

계속 웃음을 꿈up↑ 하고
거울을 꿈up↑ 보며
계속 얼굴을 꿈down↓ 두드리고
손폰을 꿈down↓ 톡톡 한다

경계를 무너뜨린 웃음이 지하철에 가득 꿈을 칠하고 있다
한숨 섞인 고3 여학생들의 말에 묻혀간다
꿈은 상서로운 것인가 쌍스러운 것인가
존나 5명만 되었어, 손가락을 꼽고
아! 존나 왜 이리 안가
짧은 치마 여고생
허스키 보이스를 굴리며 나간다

문과 문 사이에 꿈이 낀다
그곳에서 내안의 소녀를 꺼낸다
꿈이 맑던 시절이
업 다운 업 다운 구르며 나온다

머리끈 혹은 이어폰

전화기인줄 착각하고 여보세요 여보세요 말을 건다
받지 않은 전화기에 입이 걸려 있다
여보세요 여보세요 정말 전화가 왔다
달리의 함성이 짙푸른 하늘을 담아내고 운다
스마트폰의 공명으로 지하세계를 울린다
여보세요 여보세요
저는 여보가 아니라니까요
저는 세월이에요
손목에 파장이 잦아든다

long ago, once upon a time
밀레가 만종을 울리 듯 이삭을 줍던 전화기
이제는 손목을 지그시 누르며 살을 죽인다
머리털을 조금씩 뽑아내며 탈모를 부축인다
시간을 조용히 준수하며 시계를 죽인다

여보세요 여보세요
떨어뜨린 턱 선에 졸린 해가
댕그랑댕그랑 그네를 탄다

제로로부터의 제로

지인 아들의 결혼식이 있어 모처럼 대구행 ktx를 탔다
열차가 서울역을 떠나기 위해 숨고르기를 하고 있다
서울에서 부산으로 향하는 열차
부산에서 서울로 향하는 열차
열차는 앞뒤가 없는 열차에 우선이라는 말은 무의미하다
0에서 0으로 향하는 시간이 째각거린다
열차에 오른 사람들이 아침을 한 칸씩 먹으며 제로에 도전한다
칸과 칸 사이, 굵은 뼈마디에 실주본능을 주입한다
내가 너에게로 가는 것은
결국 네가 나에게로 오는 것
내 주머니에 있던 만 원짜리 몇 장에
나는 철마를 올라탄 주인이 되었다
서울에서 부산의 중간 기착지 대구는 제로 안의 제로
멈출 줄 모르고 국토의 혈관을 파고드는 제로
제로를 통해 가을 산이 물들고 있다
제로로부터 zero를 향한 피의 채색이 붉다

패스

안산 중앙역
저녁 11시, 환승하기 위해
뻐근한 하루를 어깨로 떠받치며 버스를 기다린다
선부동과 부곡동의 종점을 쉼 없이 오가는 77번 버스
같은 방향에서 타려니
나가는 버스인지 들어가는 버스인지 늘 헷갈린다
77번이 도착하자마자 정신없이 올라타 패스를 댄다
휴대폰 카카오톡을 보내다보니
버스는 반대방향으로 가고 있었다
내리고 갈아타기를 반복해 집에 도착하니
열두 시가 넘었다

아내를 패스해 직장인이 되고
엄마를 패스해 커리우먼이 되고
아줌마를 패스해 유명시인이 되고 싶은 나의 꿈은
오늘도 패스되지 않고 집으로 되돌아온다

나는 오늘을 패스하지 못하고
내일로 연장하고 있다

가방의 꿈

종로3가에서 만원주고 검은색 레자가방을 샀다

나는 그녀의 눈에 들려고 무진 애를 썼다
어느 날은 맨 앞줄에 나와 서성거렸고
어느 날은 꽃처럼 걸려있었다
그녀는 이리저리 나를 살피더니
어깨에 메어보고 있다
순간 나는 그녀의 어깨를 덥석 잡고 매달렸다
그녀는 나를 데리고 집으로 가더니
이리저리 살펴보곤 배부르게 먹여주었다
내가 하품을 하면 하품을 받아 주며
입을 헤 벌리면 입을 닫아준다
이제 그녀는 외출만 하려면 나를 찾는다
유진아, 내 가방 어디 있니
해강아, 내 빽 못 봤어
나는 졸지에 언니와 오빠를 얻었다
그녀가 언제 어느 때 나를 무시할지 몰라
나는 그녀가 잠든 밤에도 몰래 시집과
성경책을 읽으며 밤을 새운다

가을에 만난 그녀
봄이 되면 나를 밀어낼지도 모른다

껌딱지처럼 내년 가을까지는
악착같이 붙어 다녀야지

판도라의 상자

예전엔 크리스마스가 되면 우리 집은
늘 경쾌한 그녀의 목소리로 가득했다
하지만 언제부터인지 나는 그녀의 출현에도
시큰둥하며 옛 추억을 지우고 있다
사면을 가득 채우던 그녀의 목소리는
거미줄이 난맥亂脈을 치고
난亂을 일으키고 있다
남을 돕는다고 냄비를 벌리고 서서
되돌이표처럼 종을 흔들어대는 그녀
이젠 과거 속 애인이 되어버린 그녀가
달갑지 않다

다만 침묵하는 법을 배워가는 중이기에
그녀의 출현을 경계하고
판도라의 상자에 나를 가둔다

선물은커녕
얼른 올해가 지나갔으면

컴퓨터 바이러스

늦은 퇴근 후에 미드[8]를 보려고 컴을 켰다
웬일인지 작동하지 않는다
삐릭삐릭 찌직찌직, 드림시티를 꿈꾸는 도시
나방들의 습격이 시작되었다
레이저 빔으로 쏟아지는 그들의 자살폭탄 테러
매캐한 연기와 함께 빌딩이 녹아내리고 있다
아스팔트 위로 그들이 질펀하게 알을 슬어놓았다
무한공격으로 도시는 암흑지대다
보호막이 깨어지고 돔이 열린다
테러리스트들이 숨어든다
구름다리가 그들을 감전시킨다
감지된 음악 사이로 루시퍼[9]가 들어간다
혼미한 매개체들이 헤드뱅어를 한다
끊어지지 않는 흐름,
컴의 나라를 침략한 그들이 폰의 나라에 침투한다
숙주된 일렉트로닉 매체들이 발작 증세를 보이며 광란한다
삐릭삐릭 찌직찌직
그들은 가미가재 특공대
죽음을 두려워하지 않는다

---

8) 미드: 미국드라마
9) 루시퍼: 음악을 담당하던 타락천사

알프스 소녀, 하이디

- 서울풍물시장 이득영 총각의 모자 가게에서

11월 중순이 넘어서자
알싸한 기운이 정수리를 타고 흐른다
며칠 동안 첫 추위에 옷깃을 여미며 다녔다
그러던 어느 날 점심 먹으러 풍물시장 2층으로 가다가
문득 서구풍의 그를 만났다
한참동안 점심 먹는 것도 잊고 그의 앞을 서성거렸다
풋풋한 그의 미소는 내 발길을 불러 세웠다
그는 알프스 목장의 양떼를 따라나선 소년 같았다
나를 위해 밤과 낮을 지켜줄 수호천사 같은 그
나의 수다와 침묵에 동조해줄 것 같은 그
그와 함께 양떼를 몰고 싶다
그와 함께라면 눈 덮인 마테호른 봉우리도 오를 것 같다
파리한 이슬을 맞으며 초원을 거닐고 싶다

풀목걸이 걸어주던 소꿉친구 같은
그와 함께 걷는 발걸음 뒤로
사운드 오브 뮤직의 맑은 노랫소리 들린다

늦가을, 패션가이

아침이면 화려한 무대복으로 갈아입고 나오는 그
오늘은 그녀를 데리고 어디를 가려나 보다
화려한 옷의 그녀가 쫄랑쫄랑 따라나온다
가는 곳마다 거리마다
그의 패션쇼가 한창이다

요즘엔 그가 수척해 보인다
대공원역에 발을 내딛는 순간
그가 시린 손을 내민다
나는 하루하루 창백해져가는 그가 안타까워
미리 그의 사진을 찍어둔다

오늘은 관악산에서
그들의 패션쇼가 크게 벌어진다고 한다
사람들은 그를 보려고
인산인해를 이루고

외계와의 접속

무심코 집어든 잘린 전화선으로 머리를 묶었다
순가 머리가 쭈뼛쭈뼛해진다
이상한 외계어가 무수히 들려왔다
10만 개의 머리카락이 안테나가 되어 외계와 교류하고 있다
환청처럼 들리는 외계어가 동공을 타고 내려온다
머리카락이 길수록 잘 들린다
머리카락에 샴푸나 코팅으로 색깔을 넣을수록 칼라언어가 잘 들린다
보라색 머리일수록 보라어가 잘 들리고
레드일수록 레드어가 잘들린다
비듬과 먼지를 먹는 유충기계를 투입시켜 머리카락 데미지를 방지한다
머리가 길어질수록 치솟는 머리카락이
하늘에 떠있는 우주선에 접속력이 강하다
빔처럼 올려 진 하늘회선으로 점점 강하게 이끈다
빙의처럼 숫자배열이 눈으로 올려지고
분수처럼 솟은 머리카락은 우주의 배열을 새롭게 만들고 있다
수금지화목토천해명, 명왕성을 퇴출한다

화수목금토천해로 재배치하여 우주계를 점령하려는 트랜스포머장치[10]를 한다

10) 트랜스포머(변압기) : 전자 상호 유도 작용을 이용하여 교류 전압을 높이거나 낮추는 장치

밀림의 계절

약속이 있어서 이른 퇴근을 한다
전철 의자, 꾸벅 졸다가 눈을 뜨니
빽빽한 밀림, 다리만 보인다
집으로 집으로 향하는 곳
방금 시골로부터 실려온 듯한 원목
하늘하늘한 꽃나무
잘 사포질 된 기둥도 보인다
도시로 도시로 이어져 올라왔던 밀림
저 나무들이 도시를 세우고
저 나무들로 인해 역사가 이어져 왔겠지

나무가 꼭 올곧을 필요는 없지
간혹 구부러지고 어깨가 결리더라도
나무는 새둥지를 들이고
매미와 개미를 곁들이며
시나브로 일어나는 풍파를 견딘다

나도 저 울창한 밀림지대에 속한
한 그루의 나무
오늘도 나는 내 계절에 깃든
새들의 안전을 위해
잎사귀를 쉼 없이 펄럭인다

콩알이 되다

흔들리는 버스에서
순간 손잡이를 놓쳤다
옆 사람의 발을 밟으며
두 손으로 팔뚝을 껴안는다
기사는 서로의 오류를 무시한 채 달리고 있다
과속방지턱을 지난다
기사는 급정거 없이 내달리고
승객들은 가을마당
어머니 키 안에 까불러지는 콩알이 된다
하이힐을 신은 채
공중으로 떴다가 떨어지며
옆 사람을 잡는다
옆 사람도 뒷사람도 모두
가을마당의 콩알이 된다
거리 외벽의 담쟁이 잎들이
손잡이를 놓친 채 떨어지고 있다

정수기

무료한 오후, 커피가 간절하다
몸에서 커피를 마실 알람이 울린다
봉지커피를 종이컵에 쏟아놓고
졸린 눈으로 뜨거운 물을 누른다
그런데 딱 한 방울 떨어지더니 반응이 없다
통을 두들기고 흔들어도 떨어지지 않는 물
일도 손에 잡히지 않고 시도 써지지 않는다
카페인 금단현상에 패닉상태다
물통이 너무 무거워 올릴 수도 없다
판문점을 지키는 북측병사처럼 굳어진 그
어제까지만 해도 다정하게 나를 반기던 그가
오늘은 물 한 방울 주지 않고 외면한다

아이들은 나만 따라다니며 먹을 것을 달랜다
퇴근해 들어가면 아이들은 내 손만 바라본다
아이들에게 나는 강력한 카페인인가 보다
아이들이 금단현상이 일어나지 않도록 모성카페인을 공급한다

복도를 지나는 경비아저씨를 불러 물통을 올렸다
물통에서 쏟아져 내리는 물이 가뭄에 단비 같다
해갈된 몸에 생기가 돈다

작품해설

복숭아세대론과 수밀도 언어

- 김순진(문학평론가 · 고려대 평생교육원 시창작과정 교수)

<작품해설>

복숭아세대론과 수밀도 언어

김 순 진(문학평론가 · 고려대 평생교육원 시창작교수)

드디어 계간 〈스토리문학〉 편집장인 전하라 시인이 첫 시집을 상재한다. 그녀의 시는 순발력과 관찰력을 동시에 지니고 있으며 톡톡 튀는 젊은 감성마저 지니고 있어 읽는 사람에게 카타르시스와 감동을 함께 선사해준다. 잡지사 편집장으로서 수많은 시를 주무른 후에 내는 시집이라 그만큼 완성도 높은 시를 만날 수 있다. 전하라 시인을 만나면 젊어서, 예뻐서, 생기발랄해서 저런 시인이 시를 잘 쓸 수 있을까 의아하게 생각하는 이도 있다. 그런데 그녀는 정말 기발한 아이디어를 가지고 있다.

그녀는 나이를 모를 정도로 젊게 산다. 그녀는 복숭아세대라는 신조어를 만들어 시에 접목하고 있다. 여기서 복숭아세대란 풋풋한 복숭아향기가 나는 젊은이들을 이르는 말이다. 복숭아세대를 살고 있는 그녀의 수밀도 언어는 어떤 향기가 날까? 전하라 시인의 생각은 통통 튄다고 해도 좋겠다.

언어는 끊임없이 생성되고 소멸한다. 불과 30여 년 전까지만 해도 우리의 말은 70%가 한자로 되어있다고 했다. 그런데 지금은 50%가 외래어로 되어있는 것은 아닌가 하는 생각이 든다. 나머지 20%는 속어나 은어, 줄임말로 되어있다는 생각을 해본다. 속어나 은어라고 해서 무조건 나쁘다고 해서는 안 된다. 인터넷의 속도가 문명의 속도임을 전재하고 있는 이 시점에 페이스북 = 페북, 별이 빛나는 밤에 = 별밤, 웃음을 찾는 사람들 = 웃찾사 등의 속어는 오히려 사람의 관심을 끌고 언어전달을 빠르게 한다. 다만 전하라 시인은 본뜻을 망각한 새로운 신조어에 경계하면서 그런 언어의 변천과정에도 능동적으로 대처한다. 이를테면 아름다운 말을 만들어내고 즐기며 공유한다.

전하라 시인은 특별한 자신의 마음세계와 언어의 교감을 잘 버무려내는 특별한 시짓기 방법을 택하고 있다. 말하자면 언어의 효용론과 창조론이 그것이다. 그것은 곧 "1. 동음어 또는 유사음어 효과의 극대화, 2. 비교 언어를 통한 시상의 전개, 3. 복숭아세대론, 4. 내 몸은 끊임없이 빅뱅이 일어나는 우주"라는 소단원을 통해 하나하나 확인해보자. 그럼 이쯤해서 전하라 시인의 시를 한 편 한 편 살펴보면서 통통 튀는 그녀의 시에서 풍기는 수밀도 향기를 맡아보자.

1. 동음어 또는 유사음어 효과의 극대화

전하라 시인은 우선 동음이의어나 유사한 음어를 통한 시상의 전개가 뛰어난 시인이다. 지금까지 우리 시의 전개 방식은 거의 습관을 전재로 했다. 추억을 얼버무리며 작은 지식을 크게 부풀리려 했다. 그러다보니 독자를 가르치려 들고, 독자와의 교감공유를 생각지 않고 자신의 추억에 독자를 끌어다 붙여 독자와 작가의 정서가 같아지기를 기대했다. 그것은 곧 한계를 드러낸다. 시의 독자는 시인이다. 보통사람들은 시가 왜 그렇게 어렵느냐고 물어온다. 그런 사람들은 수학이나 과학, 의학, 물리학에 대하여 그런 질문조차 하지 않는다. 우리 시인들은 시는 쉬워야 한다는 일반적인 관념을 벗어나서 시는 재미있어야 한다는 시는 기발해야 한다는 생각을 심어줘야 한다, 시는 학문 즉 문학임으로 초등학생이 읽어서 이해되어야 하는 것은 아니다. 남이 쓰지 않은 방법, 남이 발견하지 못한 현상, 남이 상상하지 못한 것을 쓰는 것이 시다. 그런 점에서 전하라 시인의 시는 기발하고 무릎을 치게 만든다. 잘 훈련된 시인은 훈련되지 않은 시인의 시를 읽지 않는다. 그런 시인은 곧바로 얼굴만 예쁜 시인이라든지, 무늬만 시인이라는 평가 속에 매장된다. 전하라 시인은 그런 기성시인들의 야멸찬 평가에 대하여 잘 알고 있다. 그래서 그간 써오던 시를 과감히 버리고 새로운 시를 쓰기 시작한다. 그리고 불과 3년 만에 다음과 같은 시를 써내게 된 것이다.

①
일요일 저녁
무얼 해먹을까 생각하다가
지난 금요일에 사다놓은 두부가 생각났다
아차, 스스로의 둔부를 때리며
냉장고를 여니 두부는 쉰 냄새를 풍기고 있다
갇혀있던 그가 꺼내달라고 쉰 목소리로 절규하고 있었던 것이다
팔다리가 보이지 않는 두부豆腐는 모두

두부頭部로만 이루어져 있나 보다
콩은 으깨어지고 팔팔 끓여져서도
우리 가족의 건강을 걱정하고 있었다
가족의 건강을 생각지 않고 나만 생각해온 나의 두부
재빠르게 둔부를 움직여 슈퍼에서 새 두부를 사오며
생각한다
두부는 신선한 생각으로 채워져야 한다고

-「두부豆腐 두부頭部 둔부臀部」 전문

따옴시 ①은 말놀이 시 즉 묘사 시의 백미라 할 수 있다. 문학은 말을 파는 상점이다. 말을 팔려면 말에 대한 정성이 필요하다. 곧 말을 잘 닦고 포장하며 손님의 눈에 띄기 쉬운 곳에 진열하여야 한다. 시인은 두부찌개를 끓이려다가 자신의 둔부를 때리며 두부를 사다 며칠 놔둬서 상한 것을 탓한다. 그러면서 시인은 두부가 머리로만 이루어졌음을 발견한다. 팔다리는 모두 내려놓고 두뇌로만 이루어진 두부, 그것은 어쩌면 두부가 사람에게 그렇게 이롭다는 것을 간접적으로 표현하는 시인의 기질이라 할 수 있다. 아무튼 전하라 시인은 이와 같은 말놀이, 묘사심상을 계속해나간다. 다음 시를 읽어 보자.

②
아이들을 먼지처럼 밀어내고
구석구석을 쓸고 있다
쓸리고 싶지 않은 머리카락과 먼지들이
서로 스크럼을 짜고 두런두런 밀려나온다
산다는 게 뭐가 가까운지 먼지 모르겠다

어디서 그렇게 많은 먼지와 머리카락이 나오는지
삶이란 먼지를 만드는 일인 것 같다

빗자루를 쥔 듯 보이지만 먼지덩어리인 삶
그렇게 살아도 사는 게 뭔지
잘 모르겠다

—「먼지, 뭔지」 부분

따옴시 ②은 먼지를 쓸어내는 평범한 일상 속에서 사는 게 뭔지 모른다는 푸념의 시다. 나이가 좀 든, 공부를 좀 한 사람들도 때론 사는 게 뭔지 모를 때가 있다. 그런데 한창 아이들을 기르는 엄마로서 그들을 챙겨주지도 먹여주지도 못할 때 '사는 게 뭔지' 모르겠다는 말은 가슴을 아리게 한다.

③
수 십 마리의 잉어들이 서로 먹으려고 입을 빼끔거린다
물 아래쪽에서도 들리는지 잉어들이 올라온다
오리 떼도 몰려오고
다리 위에는 비둘기 떼도 몰려든다
그 틈새에 참새도 한 마리 끼어 쟁탈전을 벌인다

사람들에게 나눠줄 것이 없는 나는
미물에게나마 비로소 잉여인간이 된다
멀리 타워팰리스에 비치는 오후의 빛이 바람을 걸러주고 있다

봄의 그림자가 넉넉한 잉여지대
잉어가 몰고 온 봄의 잉여
나도 잉어를 따라 잉여를 꿈꾼다

－「잉어와 잉여」 부분

따옴시 ③는 봄에 청계천에 산책을 갔다가 산란을 위해 몰려드는 잉어떼를 보고 쓴 시다. 시인의 말처럼 "봄의 그림자가 넉넉한 잉여지대"에 잉어가 '봄의 잉여'를 몰고 왔다. 시인은 가만히 잉어떼를 바라본다. 언제나 봄처럼 넉넉해질까? 언제나 웃음소리 넘치는 인생의 봄을 맞이할 수 있을까? 그래서 시인은 "나도 잉어를 따라 잉여를 꿈꾼다"고 말한다. 그러나 시를 쓴다는 일 자체가 '잉여인간'임을 시인은 모르고 있나 보다. 우리는 넘치는 감정을 잘 표현하여 이웃과 함께 해야 하는 잉여의 사람들이다.

④
언제부터인가 그는 내게 완전한 미저리가 되었다
언제든 내가 시키는 대로 한다
먹으라면 먹고 자라면 자고 돈 벌라면 돈 벌러 간다
나에게 미저리인 그는 스스로 머저리가 된다

내가 그렇게 해대도 그는 진저리치지 않는다

－「미저리 머저리 진저리」 부분

따옴시 ④을 살펴보자. 이 시는 남편에 대한 시다. 요즘 남편들은 정말 불쌍하다. 돈 버는 기계에 불과하다. 언제

명퇴당할 런지 모르는 세대다. 그럼에도 남편들은 쓰린 속을 달래가면서 열심히 일한다. 그런 남편이 시인 아내의 눈에는 미저리처럼 고통스럽고 불쌍해 보인다. 고분고분 자신의 말을 듣는 남편이 머저리 같기도 하다. 그렇지만 그렇게 잔소리를 해대도 진저리치지 않는 남편을 바라보는 시인의 눈은 사랑으로 가득 차 있다. 큰 사업을 하는 남편에게 뒷바라지를 해줄 수 없는 안타까움이 드러나는 시라 하겠다.

⑤
안산 발 버스에서 내려 신도림역 1호선 전철로 갈아탔다
오직 주시하는 것은 빈자리
앉자마자 스마트폰에 얼굴을 들지 않는다
이번 열차는 성북행, 성북행 열차입니다
서너 명의 여학생들 귀에는
이번 열차는 성폭행, 성폭행 열차입니다, 라고 들리는지
존나 재수 없다, 뭐야 성폭행이라니
낄낄대며 웃는다

–「성북행, 성폭행」 부분

따옴시 ⑤를 읽어보자. "이번 열차는 성북행, 성북행 열차입니다 / 서너 명의 여학생들 귀에는 / 이번 열차는 성폭행, 성폭행 열차입니다, 라고 들리는지 / 존나 재수 없다, 뭐야 성폭행이라니 / 낄낄대며 웃는다" '성북행 열차가 들어온다'는 말이 '성폭행 열차가 들어온다'고 들리는

여학생들……. 이건 비단 여학생들의 잘못이 아닌 것 같다. 성폭행이 빈번히 일어나는 세상에 살고 있는 아이들에겐 세상 자체가 '존나 재수 없'을 수 있다. 그런 사회에서 아이들을 길러야 하는 현실이 예리한 시인의 눈에는 간과될 수 없는 시제였던 것이다.

⑥
집에 들어가는 길목 언저리
할머니 한 분
쑥 한 움큼, 미나리 한 움큼, 달래 조금
좌판을 펼쳤다

사, 글세
더 준다니께

오늘은 두 번이나 어긴 사글세 내는 날
이리저리 억지로 아귀를 마친 나는
주인의 억지가 너무 쟁쟁해
사라고 발목을 잡는 할머니의 부탁을
들어주지 못했다

-「사글세, 사 글세」 전문

따옴시 ⑥는 집으로 들어가는 골목에 할머니가 펼친 좌판의 이야기다. 짧은 시에서 "사, 글쎄 / 더 준다니까"라며 사글세를 걱정해야 하는 노인들의 삶을 적나라하게 드러내고 있다. 지금 우리 주변에는 유모차에 박스를 줍는 노인이 너무나 많다. 그만큼 살기가 어렵다는 이야기다.

쑥 한 줌 뜯어다 손자나 할아버지의 먹을거리를 장만하고 사글세를 낼 걱정을 해야 하는 현대 노인들의 삶, 무엇이 사람답게 사는 길이며 선진국으로 가는 길인지 되돌아보게 하는 시다.

⑦
한 동네 유명시인이
목을 매달아 자살했다며 엄마는 시를 쓰지 말라고 했다
시의 존재는 삶의 맛을 돋우는 고추장 같은 존재
시는 결코 자살을 부추기지 않는 것처럼
노가리를 아무리 찍어먹어도
고추장의 존재를 알아차리거나 감사하지 않는다

고추장처럼 수고한 어머니의 수고를 아는 것은
오직 나뿐,
그런 어머니에게 감사를 전하지 못한 나는
나는 고추장처럼 말없이 어울려 살고 싶은
나쁜 딸이다

-「나뿐, 나쁜」 부분

따옴시 ⑦은 고추장에 노가리 안주를 찍어먹다가 친정엄마에게 고맙다는 말을 못한 사람은 나뿐이라며 나쁜 딸인 자신을 자책하는 시다. 효도는 멀리 있지 않다. 전화 한 통에 부모님들은 하루의 노고를 덜어낼 수 있는 것이다. 얼마 전에 아버지가 돌아가셨다. 함께 여행을 해보지 못한 한, 좀 더 잘해드리지 못한 한이 가슴에 사무친다.

그밖에도 「미저리 머저리 진저리」, 「스토커 스토킹」, 「꼬리」, 「제로로부터의 제로」, 「패스」 등이 이와 같은 방법으로 쓰여졌다. 이처럼 전하라 시인은 유사한 언어를 통해 반성과 도전, 그리고 새로운 모색을 꾀하는데 이는 그녀만이 가진 특별한 능력이다.

2. 비교 언어를 통한 시상의 전개

시는 비유다. 비유라는 것은 돋보이려는 원관념을 또 다른 보조관념으로 비유해 그 원관념을 두드러지게 나타내는 방법이다. 이 방법에는 수많은 수사법을 동반한다. 그런데 전하라 시인은 이런 수사법을 통해 시를 생산해내기보다 보조관념을 앞세우고 원관념을 뒤에 놓음으로써 보조관념의 시상을 극대화시킴으로써 원관념을 드러내는 기법을 사용하고 있다. 이는 아마도 그녀가 편집장으로 수많은 시를 읽고 난 뒤 터득한 창작방법이 아닌가 한다.

①
길모퉁이 전봇대 우두커니 서 있다
학교 갔다 돌아올 때면
아버지는 늘 그렇게 전봇대처럼 서 계셨다
그 마을에서 나고 자라
어디로 나가 산 적 없던 아버지
나에겐 어둠을 밝혀 주시던 아버지시다
겨울 승냥이 같은 겨울바람에도
골목을 지키시며 기다리시던 아버지

오늘도 아버지가 서서 기다릴 것 같아
자꾸만 전봇대를 바라다본다

-「전봇대, 혹은 아버지」 전문

따옴시 ①을 읽어보자. 이 시는 보통 사람들도 쓸 수 있는 평범한 시다. 그런데 이런 시가 가슴에 와 닿는 이유는 무엇일까? 그것은 사람의 기본 감정을 건드려주었기 때문이다. 나이가 들수록 깊어가는 부모에 대한 생각은 모든 이에게 공통적이기 때문에, 작은 소재 하나만으로도 충분히 표현될 수 있는 것이다. 시인은 전봇대를 볼 때마다 그런 아버지가 생각난다. 필자는 최근에 아버지가 돌아가셨다. 돌이켜보면 아버지는 등대 같은 분이었고, 가로등 같은 분이었으며 자식에게는 늘 크신 분이셨다. 이제 그런 분을 뵐 수 없다면 바위나 전봇대, 달, 저녁노을을 통하여 아버지를 만날 수밖에 없음을 시인은 안다.

②
긴 장마에
지난 가을에 넣어 두었던 운동화의 뒤축 고무가 떨어졌다
(중략)
불현듯 접착제처럼 달라붙어 다니던 아버지를 생각한다
시장에 가시면 시장에 따라가고
밭에 가시면 밭에 따라가고
못자리에 가시면 못자리까지 따라 들어가

함께 피사리를 하던 아버지와 나
(중략)
아버지 떠나신지 어언 25년
아버지의 접착력이 더욱 강해지고 있다

- 「접착제, 혹은 아버지」

따옴시 ②에서 시인의 말처럼 "긴 장마에 / 지난 가을에 넣어 두었던 운동화의 뒤축 고무가 떨어졌다"고 하자. 보통 사람들은 무심코 내다버릴 것이다. 그런데 시인은 사소한 신발의 접착력에서도 아버지의 사랑을 느낀다. 7남매의 외동딸로 자라 아버지는 늘 어린 전하라 시인을 데리고 다녔다고 한다. 아버지가 돌아가신지 27년이 지난 요즘에 더욱 아버지에 대한 접착력이 강해지는 것은 그녀가 시를 쓰기 때문이 아닐까? 문학이라는 것은 끊임없이 자신의 존재에 대하여 되돌아보는 일이니까.

③
시골집 뒤란, 항아리 하나 덩그마니 서있다
찬밥 보리밥 쉰밥까지 씻어 잡숫던 어머니가 거기 서계신다
해거름녘 들에서 지친 몸을 이끌고 들어와 쌀독을 열면
빈항아리엔 푸득푸득 쌀벌레만 날고 있었다
작은 막대기로 풀숲을 뒤져 애호박 하나 발견하면
횡재 만난 듯 기뻐하시며 수제비를 끓이시던 당신
배고픔에 버럭버럭 화를 내시던 아버지의 눈총과
올망졸망 따라다니던 자식들 성화에

당신의 가슴은 항아리보다 더 허하셨을 테지
아버지와 자식들에게 건더기 다 건져주고
국물만 후르륵 들이켜며 배부르다 하시던 어머니가
다소곳이 앉아 계신다

– 「항아리, 혹은 어머니」

따옴시 ③을 읽어보자. 시골에 가면 누구네 집이나 장독대가 있었다. 그런데 필자의 어머니가 돌아가시고 몇 년 있다가 장독대는 치워졌다. 장을 담가줄 사람이 없는 장독대는 더 이상 필요치 않는다. 그리고 점점 국문화가 사라지고 집에서 밥을 먹는 횟수가 줄어들면서 된장 고추장의 소비는 급격하게 줄었으며 조선간장을 먹는 일은 거의 없어졌다. 그나마 전하라 시인의 어머니는 아직 생전에 계시기에 장독대가 유지되는 것이다. 장독대에 덩그마니 서 있는 빈 항아리를 보며 어머니에 대한 허기를 느끼는 시인, 그것은 낳아주시고 길러주신 어머니에 대한 우리가 가져야할 최소한의 감정이 아닐까?

이 외에도 「머리끈 혹은 이어폰」 등 여러 작품이 이런 방식으로 쓰여지고 있다.

3. 복숭아세대론

시인은 남과 달라야 한다. 남과 다른 눈을 가지고 남과 다른 것을 보아내야 하고, 남과 다른 언어생산 능력을 가지고 남과 다른 방식으로 언어를 전개해야 하며 남과 다른 가치를 생산하여 우리에게 남과 다른 신선함을 환기시켜주어야 하는데 전하라 시인의 시가 대체적으로 이를 충족한다고 할 수 있겠다.

그는 젊은이들을 복숭아세대라 칭한다. 풋풋하다는 말이겠다. 그러니 수밀도처럼 향기로운 언어와 초여름처럼 싱그러운 언어로 젊은이들을 수식하여야만 젊은이들이 복숭아세대로서 존재할 수 있게 된다. 그럼 이쯤에서 전하라 시인이 말하는 복숭아세대란 어떤 세대이며 전하라 시인은 자칭 복숭아세대로서 어떤 언어를 채택하고 있는가를 자세히 살펴보자.

①
그리 예쁘지 않은 얼굴의 그녀
나는 매일 그녀를 보기 위해 그 앞을 지나간다
화장 짙은 얼굴을 한 그녀는
윈도우 안 집장촌 아가씨로 보인다
늘 갇혀있어 나다닐 수도 도망갈 수도 없는 그녀
일정한 돈을 지불해야지만 느낄 수 있는 그녀
그녀가 시들하게 입술을 뾰로통하게 내밀고 있는 날이면
나의 입술도 뾰로통해진다

-「딸기네 집」 부분

따옴시 ①을 보자. 지금까지 아무도 딸기네 집을 들여다본 사람 없다. 그런데 시인은 딸기네 집을 들여다보며 늘 팔려나가야 하는 여인을 생각해낸다. 전하라 시인은 대범하다. 독자의 눈치를 보지 않는다. 하고 싶은 말을 자유

롭게 써서 자신의 작품에 변별력을 높인다. '집장촌' 같은 말은 여류시인으로 들먹이기 어려운 말이지만 그녀는 자신이 생각과 일치되는 언어라면 망설임 없이 채택하여 시상을 극대화시킨다.

②
그녀의 주방은 늘 꽃 꽂은 듯 화사하다
물소리 새소리 들리고
상큼한 바람이 분다
얼음장을 녹이는 듯한 그녀의 목소리
비발디의 사계 중 봄을 연주하는 그녀
연둣빛 그녀의 손길에
젓가락 숟가락 포크나이프가 왈츠를 춘다
프라이팬 주전자 냄비가 모두 엉덩이를 들썩인다
그녀의 발자국을 따라다니는
꽃잎 나뭇잎 풀잎
그녀의 주방은 바야흐로 봄이다

-「그녀의 주방」 부분

그리하여 따옴시 ②에서처럼 그는 주변에 산재한 고민꺼리를 잠재우고 복숭아세대로서의 위치를 성립해간다. 진정한 고수는 자신의 모든 것을 잃거나 아무것도 가진 바 없이 행복할 수 있는 사람이다. 그런데 전하라 시인은 정말 어려운 국면에서도 행복을 창조한다. 그리하여 그녀의 주방은 비발디의 사계 중 봄이다. 수도꼭지를 틀면 "물소리 새소리 들리고 / 상큼한 바람이" 불어와 가족이나 이웃에게까지 훈훈한 봄이 된다.

③
그리고 한 남자가 내 옆에 앉았다
이중커트머리 치렁치렁한 벨트
골반까지 내려간 청바지에 설렘이 인다
쉴 새 없이 자판을 두드리는 그
무슨 화장품을 썼는지 그 남자 향에 울렁하다
지금 가고 있으니 조금만 더 기다려
응, 알았어
폰 속의 풋복숭아 음성, 귀가 달다

－「복숭아 세대」 부분

버스를 탄 전하라 시인 옆에 한 남자가 앉아 전화를 한다. “이중커트머리 치렁치렁한 벨트 / 골반까지 내려간 청바지”에 설렘이 인다. 복숭아 향기가 풀풀 나는 그 남자와 전화기 속에서 어렴풋이 들려오는 풋복숭아 같은 목소리……. 이 풋풋한 젊은이들을 보고 전하라 시인은 복숭아 세대라는 신조어를 만들어낸다. 이십대, 삼십대, 사십대 등 그런 말보다 아식 시큼한 살구세대, 풋풋한 향기의 복숭아 세대, 배부르고 많은 게 좋은 수박세대, 나눠먹기 좋아하는 바나나세대라 부르면 어떨까?

그밖에도 전 시인은 「스톰 연주」, 「파운데이션」, 「비꽃이 통통 튄다」, 「샌들」, 「겨울을 위한 발레」, 「선글라스」, 「셀카놀이」, 「짝사랑학개론」, 「패스」, 「꿈의 보이스」, 「버스수족관」 등에서 보는 바와 같이 젊은이들이 사용하고 관심을 두는 소재에 대하여 끊임없이 탐구한다. 이는 복숭아세대로서 수밀도 언어가 무엇인지에 대하여 한 발 앞서 생각하고 육화하는 순발력을 보여준다.

4. 내 몸은 끊임없이 빅뱅이 일어나는 우주

전하라 시인은 일상에 관한 시를 자주 쓴다. 특히 이 시집에는 그녀가 안산으로부터 서울 신설동까지 왕복 4시간이 넘는 길을 출퇴근하며 일어나는 일들이 자주 등장한다. 그것은 현대시는 단순히 감상적인 글을 넘어서 체험적인 글에 가까우며 많은 시인들이 이를 통해 자아를 발견하고 자기를 구원하고 있다. 그런 맥락에서 전하라 시인의 시를 들여다보자면 그녀는 자신의 신체에 관한 시를 여러 편 써냈는데, 사람의 몸이라는 것은 신비한 우주이며 끊임없이 빅뱅이 일어나 새로운 세계를 형성하는 것이라고 말하고 있다.

①
마을 앞 논으로, 모정박 소위母亭 지나 밭으로
발을 학대하며 고무신마저 손에 쥐고 동동거리던 어머니
예쁘지 않은 발을 보며, '엄마 발 좀 예쁘게 해봐' 했는데
이제 내 발가락이 소나무 옹이처럼 퉁그러져 있다
(중략)
몸에 비해 발이 작고 예쁘다는 소리를 듣던 나
옹이처럼 굳어진 습관들이 전쟁의 낙인처럼 찍혀있다
골판지처럼 갈라진 발바닥으로 빠져나간

시간을 되돌릴 수 없지만
다시 한 번 하이힐을 신고 서른두 살을 걷고 싶다

-「발가락 옹이」 부분

따옴시 ① 시는 어머니의 발가락이 퉁그러진 것을 보고 '엄마 발이 왜 그래'라 물었었는데, 이제 딸아이가 자신의 발을 보며 똑 같은 질문을 하는데서 착상된 시다. 예쁜 신발을 신어보고 싶었던 젊은 날, 자신의 발을 학대해온 반성이 묻어난다. 그렇지만 되돌릴 수 없는 시간들이고 이젠 발가락에 커다란 옹이가 들어앉게 되었을 뿐 어찌 해볼 수가 없다. 그러나 시인은 자신의 발을 부끄러워하지 않는다. 아이들이 그만큼 자랐고 견뎌온 세월만큼이나 시인 자신은 성장했기 때문이다.

37도를 오르내리는 찜통더위에 매직이 시작되었다.
하루에 다섯 번씩 샤워를 해대도
돌아서면 주체할 수 없이 흘러내리는 땀방울
베이킹파우더를 살포해 그들의 침범을 저지해본다
결국, 몸은 스스로 견디지 못하고 땀에게 영토를 내주고 말았다
더위에 늘어진 뇌하수체는 코마에 빠졌다
내 몸을 수 십 년 오르내리며 호시탐탐 영토를 마련하고 싶었던 그들

(중략)

집 없는 설움 끝자락에 선 물의 반란

누구나 집을 짓고 살고 싶어한다

－「물의 집」 부분

계속되는 무더위에 매직이 시작되고 온몸이 땀띠가 났다. 이를 시인은 물의 반란이 시작되었다고 말한다. 물조차 물집을 짓고 들어앉는데 집이 없다는 것은 무엇이든 지푸라기만 있으면 잡고 싶은 설움이 된다. 그러나 너무 집에 집착하지 말아야 할 것 같다. 땅에서 나서 땅으로 돌아간다고 하지만 하늘로 오르는 영혼도 있으니 어차피 우주 공간은 우리의 집이고 시집을 내는 이상 이제 집 없는 설움 정도는 간과해도 좋을 것 같다.

③
몸에 이상 징후가 있어 산부인과에 갔다
몇 년 동안 병원을 찾지 않은 나
그녀는 견디다 못해 나를 곤경에 빠트렸다
아이들을 숨을 쉬게 해준 그녀
사랑을 한결 아름답게 만들던 그녀
여자라는 긍정을 이끌어내어 당당하게 하던 그녀가
요즘 내게 적대감을 표출하기 시작했다
(중략)
더 이상 풍선이 되어 날 수가 없다
다만 그녀를 가득 채운 것은 얼음뿐
그녀의 냉장고엔 통풍구가 없다

그녀를 녹일 토치램프를 찾는다

－「바람의 화원」 부분

그녀는 마음 따스한 여자지만 손은 차갑다. 그래서 스스로를 얼음공주라 부른다. 특히 겨울만 되면 손이 시려서 컴퓨터를 못할 정도라고 한다. 그런 그녀가 어떻게 그렇게 따스한 마음을 지니게 되었을까? 그녀는 우리들의 마음을 녹이는 토치램프다. 그래서 그녀는 스토리문학사를 방문하고 전화하는 사람들에게 사랑을 베풀어 그네들의 힘든 마음을 녹여준다. 그러면 전하라 시인의 몸을 녹여줄 토치램프는 없을까? 분명 방법은 있다. 그것은 우리가 그녀의 시를, 문학을 사랑해주는 것이다. 그러면 시인은 더욱 활발하게 활동할 것이고 그런 과정에서 에너지가 충만하여 그녀의 몸을 뜨겁게 해줄 것이다.

이상에서처럼 전하라 시인의 시 14여 편을 읽어보았다. 그녀의 시는 상당한 훈련과정을 거친 바 매우 효과적으로 쓰여지고 있음을 발견한다. 기존의 은유심상보다는 둘 이상의 사물을 비교하며 심상을 심화하였고, 기교보다는 진실에 충실하였으며, 소재의 선택에 있어 사물보다는 현상과 삶 자체를 소재로 삼아 독자로 하여금 함께할 수 있는 친근감을 조성했다. 신세대 언어를 적극 채택하여 시의 새로운 전환기를 마련하려고 애썼다는 점도 평가될 수 있겠다.

전하라 시인과 만난 지 10년이 넘었다. 내가 2004년 문학공원 동인이라는 문학단체를 이끌며 스토리문학을 창간했을 당시 신설동의 한 음식점에서 있었던 출판기념회에 그녀가 지인과 함께 참석했다. 그리고 그녀는 잊혀진 여인이 됐다. 이후 7년이 흘러 나는 안산에서 있던 출판기념회에 참석하게 되었는데 그 자리에 전하라 시인이 와

서 인사를 했다. 그동안 나는 그녀의 존재에 대하여 까맣게 잊고 있었다. 그런 그녀가 시공부를 하겠다면서 제자로 받아달라고 말했다. 나는 공부를 하고 싶으면 내일 고려대 평생교육원으로 오라고 했다. 그래서 공부를 하러 오는 줄 알았다. 그런데 그녀에게서 또다시 전화가 왔다. 몸이 좋지 않아서 다음 주에 온다는 것이었다. 그래서 나는 다음 주에는 '아예 오지 말라'고 주문했다. 나는 그쯤해서 인연을 접으려 했다. 왜냐하면 '처음 약속을 해놓고 지키지 못하는 사람은 가르칠 필요도 없다'는 것이 내 생각이었다. 그랬더니 아픈 몸을 이끌고 안산에서 고려대역까지 한달음에 달려왔다.

사무실에 데려다 며칠 일을 시켜보았다. 책을 포장하고, 함께 박스를 들려고 하고, 사람들에게 상냥하고, 무엇이든 해보려는 의지가 대단했다. 그래서 차비는 줄 테니 출퇴근하며 공부도 배우고 일도 배우라 했다. 그녀는 그 먼 길을 열심히 다녔다. 매일 시를 쓰고 일을 배운지 1년 여 시간이 흐르자 나는 그녀에게 편집장이라는 명함과 함께 소정의 급료를 지급했다. 그랬더니 정말 열심히 일했다. 그녀는 폭발적인 에너지를 가진 사람이었다. 그녀는 날마다 시를 써 보여주면서 지도를 받았고 시의 수가 200여 편에 육박했다. 이제 전하라 시인은 어디에 내 놓아도 손색이 없는 실력을 갖추게 되었다.

용모가 수려하고 성격이 쾌활하며 사람을 좋아하는 그녀의 활발한 활동 덕에 스토리문학에도 사람이 몰려들었다. 4남 3녀 중 막내인 그녀는 형제 많은 집안에서 자라서 그런지 사람의 소중함을 아는 사람이었다. 책 오더를 따내고 시인을 발굴하고 그들과 함께 어울리며 활동해온 그녀의 덕에 스토리문학도 이제 만성적자에서 벗어나고 있다. 그러나 넉넉하게 임금을 챙겨주지 못하는 미안함, 먼 길을 다니는데 대한 안타까움 등 전 시인을 바라보는 내 마음은 적자로 돌아섰다. 그렇지만 나는 안다. 이 적자의 마음은 스토리문학의 발전을 위한 동력이며 거름이라는 것을.

그녀가 최고의 문사가 될 것을 의심치 않으며 첫 시집 상재를 진심으로 축하드린다.

전하라 시집

발가락 옹이

초판인쇄일 2014년 11월 06일
초판발행일 2014년 11월 10일
재판발행일 2014년 12월 23일
삼판발행일 2015년 09월 25일

지은이 : 전하라
펴낸곳 : 도서출판 문학공원
발행인 : 김순진
편집장 : 전하라
디자인 : 김초롱
등 록 : 2004년 3월 9일 제6-706호
주 소 : (우편번호 02586) 서울 동대문구 난계로 26길 17호
삼우빌딩 C동 302호 스토리문학사
전 화 : 02-2234-1666
팩 스 : 02-2236-1666
홈페이지 : http://cafe.daum.net/yob51
이메일 : 4615562@hanmail.net

※ 잘못된 책은 교환해 드립니다.
※ 책값은 뒤표지에 있습니다.
※ 이 책은 안산시 문화예술진흥기금의 일부를 지원받습니다.